イラストと図解で速攻理解！

営業の超基本

The very basics of the
sales profession

超

齋藤裕信

JN093135

イースト・プレス

はじめに

　「齋藤さん、1億円の受注おめでとう！」。社長をはじめ、協力してくれたグループのメンバーや周りの社員の方々からの賞賛の声をいただいたのは、私が3年前に1億円の製品を鉄鋼業界向けに販売したときのことです。この達成感は、まるでワールド・ベースボール・クラッシックでサヨナラホームランを打った選手の感覚に匹敵するであろうほどのもので、私のような凡人でも「営業」というフィールドでは誰でも努力次第で「ヒーロー」になれる“すばらしい職業”と感じた瞬間でした。

　私は工業系の法人営業一筋で28年、さまざまな業界に1個数百円の機械部品から1物件1億円の精密測定機までを販売している**現役営業マン**です。大学を卒業後、国内メーカーのノズル部品を販売する営業職として、鉄鋼業界やプラント業界を担当してきました。現在は輸入商社に勤務し、それまでの営業経験を生かして精密測定装置の販売に従事しています。

　こんなにやりがいがあって楽しい「営業職」は、ある程度人気のある職業になっているのではないかと期待し、Googleで「なりたい職業　営業　ランキング」と検索してみました。
　出力結果は・・・・・
「子どもに将来なってほしくない職業　営業職が第２位！」
　30歳以上の親世代が子供になってほしくないランキングが1位のYouTuberに続いて２位という結果で、営業職には人気がないことに非常に落胆しました。
　「こんなに楽しく、すばらしい仕事なのに・・・・・・」

　そこで私は、営業職に対する不安や誤解を解消するためにまず「営業パーソンは何を考え、どんな業務を日々こなしているのか」を知ってもらう必要があると感じました。

　私も新人の頃は「営業に向いているのだろうか？」と自問する日々はありました。そして、何かヒントを探すために闇雲に営業に関するビジネス書を読み漁りましたが、どれも完全に納得できる内容ではありませんでした。

　なぜなら、それら営業に関する本の著者は"売上No.1のスーパー証券マン""経営コンサルタント""ハウスメーカー（BtoC）営業"といった方達のもので、新人営業パーソンとしてのBtoBビジネスの道標になるようなものではなかったのです。つまり、私は「自分の立ち位置」を知らず、必死に情報をかき集めていただけで、そのときの私に合った本に出会うことができなかったのです。

　だからこそ今、**「28年間最前線で営業職に従事してきた私にしか伝えられないことがある」**と思い立ち、筆を執っています。

　本書で心がけたことは、当時の私、つまり新人の営業パーソンが"必携"と思える「営業の道標」になるような一冊にすることでした。

　初めての旅はまず地図上で現在地を知るように、本書は己の「立ち位置」を知ることからはじまり、近い将来と遠い将来の目的地を見つけ、目的地を見つけたら、進む心構え（営業の思考法）とその方向と手段（営業のテクニック）を各場面で説明するといった具合です。

　「営業に苦手意識がある」「ノルマが達成できるか不安」と思っている方でも、**これさえ守れば売り上げに直結するスキルや心構え**をご紹介します。

　「営業職」は日本の労働者人口の10％以上に当たる約864万人が従事しています（2018年統計）。そして、日本はもはや「終身雇用社

会」というよりも「スタートアップ」の社会です。「企業に雇われて仕事をする」時代から、「各人が仕事を創造する」時代になりました。だからこそ、"人と人をつなげる"営業職はますます必要になるでしょう。

　そして、営業職に関わる人が一層増えるであろうこれからの社会で、こうした世間の「営業職」に対する誤解を埋めるのに、どうすれば営業の魅力とすばらしさが伝えられるだろうか？　どうすれば営業が将来必要なことを伝えられるだろうか？　ということを体系化し、それらを全て本書に落とし込みました。

　本書の読者層は営業に関わる全般の方が対象です。新人営業パーソンからグループを率いる中堅やベテランの方達まで、普段の営業業務で起こる細かな対処から一連の業務の対処や考え方、コツ（テクニック）、そして未来の営業の在り方までを図解で簡単に解りやすく説明しています。

　また、営業に従事していない方々には図解を通して「営業」について理解しやすい内容になっています。特に私個人的には、これから社会人を控えた娘息子様を持つ親御様に読んでいただき、本書を通して「営業のすばらしさ」を感じ取っていただければ、同じ境遇の親世代として大変うれしく思います。

　そして、就職先の選択肢に営業職がある方や、営業初心者でこれからどうしていくか不安でいっぱいな方に向けて、本書を通して「一人の営業職の先輩」として寄り添えることができたなら、著者としてそれ以上の喜びはありません。

齋藤裕信

CONTENTS

第 3 章 ┃ 営業の実践

第 4 章 ‖ 営業テクニック

第 5 章 || 営業の未来

第 **1** 章

営 業 の 種 類

自身の営業立ち位置を知ろう！

> もし自分が死にそうな状況になって助かる方法を考えるのに1時間あるとしたら、最初の55分は適切な質問を探すのについやすだろう。
>
> 物理学者　アルベルト・アインシュタイン

　一言で「営業」といっても様々な種類があります。あなたは右のチェックリストに速やかに記入できるでしょうか？　営業パーソンが深く営業について理解するためには**まず自分の"立ち位置"を知っておくことが重要です**。

　立ち位置を知るということは、初めての地を訪れたときに見る地図の"現在地"を確認することと同じです。地図上で"現在地"が確認できなければ、行先の方角も分からず、当然、そこまでの距離、到着時間も不明のままです。訳もわからず、タクシーに乗る手段をとったら初乗り料金で無駄な出費をしてしまったということにもなります。

　新人の頃の私は"営業"に関する書籍を読み漁った時期がありますが、その本の中には時々自身の感覚に沿わない記述があったことを思い出します。それはBtoBの私がBtoCについての書籍を読んでいたためで、明らかに私の営業の立ち位置について認識不足でした。

　意外に感じるかもしれませんが、営業本でも"営業の立ち位置"についてをはっきり定義しないで書かれている本が少なからずあり、自身にピッタリの営業参考書を見つけるにはますます自分の立ち位置を知っておくことが重要になります。

　"営業について"の立ち位置は、右の項目にある、"所属""販売対象""顧客の属性""スタイル"に分けて確認をすると簡単にわかります。そうすることではっきり自身の立ち位置がわかります。

　それぞれの項目について詳しく見ていきましょう。

チェックリスト

あなたの（希望する）所属はなんですか？

- 個人
- セールスレップ
- メーカー
- 商社

何を売るのですか？

- モノ・製品
- サービス

顧客の属性はなんですか？（複数選択可）

- BtoB
- BtoG
- BtoC

営業スタイルはなんですか？（複数選択可）

- アウトサイド営業
- インサイド営業
- アカウント営業
- ルート営業
- ターゲット営業
- コンサルタント営業
- 事業開発営業
- 直接営業
- 間接営業

営業を理解するには、まず
立ち位置の確認が重要です。

個人の営業と
セールスレップの違いは？

「セールスレップ」と個人の営業との違いは、企業に属して営業をするか、属さないで営業をするかの違いです。セールスレップは顧客に対して**自社営業社員の様な活動**をメーカー企業との契約締結後に行います。一方、個人の営業は企業に属さないため**自由に販売対象を選べます。**

「セールスレップ」は米国で生まれ、日本ではあまり馴染みがありません。それは風土と文化の違いが主な理由に挙げられます。国土が広い米国では代理店網を整備するのに時間とコストがかかることと、多民族国家であることから、より多様な人材を適所で短期に募集、契約するのにこの「セールスレップ」の活用が盛んになりました。

個人の営業の強みは、販売対象を自由に選ぶことができることで、顧客のニーズに合った販売対象の選別ができます。弱みは資金規模の面から取引規模はどうしても限られてしまうことです。一方、セールスレップの強みは企業に属すため、専門的でより大きな規模の営業活動をすることができることです。

セールスレップの弱みとしては、企業に属するがゆえに販売対象が限られてしまうことと、その製品知識や、販売チャンネルとコネを個人のスキルとして持っていなければ企業に対しての評価を得ることは難しいということです。

日本には馴染みが無い「セールスレップ」ではありますが、近年、日本ではスタートアップ創出の抜本的強化策に予算が盛り込まれるほど起業に有利な社会になりつつあります。この時流に**「セールスレップ」営業は社会の流れを加速させる職種**として注目される日はそう遠くないでしょう。

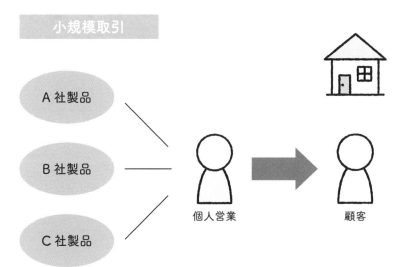

小規模取引

A 社製品

B 社製品

C 社製品

個人営業

顧客

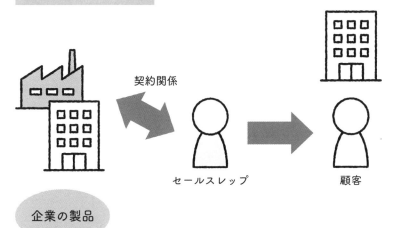

大規模取引

契約関係

セールスレップ

顧客

企業の製品

商社営業と
メーカー営業の違いは？

商社とメーカー営業の違いは、**取り扱う商品を自社で作って販売するか、他社から仕入れて販売するか**です。

どちらの営業パーソンも企業に属した正規社員です。前ページで述べたセールスレップも企業に属しますが、期間契約や成功報酬の契約で成り立つ非正規社員となります。

商社は通常多数のメーカーから多額の商品を仕入れるので、**幅広い商品知識や販売ネットワーク**を持っています。商品を仕入れて販売する分、仕入れコストが非常に重要になりレッドオーシャン[*1]の業界には相当の商品の特色がない限り不向きです。

従って商社はブルーオーシャン[*2]の商材の情報に敏感で、**その商品企業と早く取引関係を結ぶことが大きな鍵**になります。また自社のサービスと商品を組み合わせることで付加価値を生むので営業スキルが非常に重要になります。

一方メーカー営業は自社製品を直接顧客に販売することが主な仕事です。**自社製品の商品知識と技術に深く精通**し顧客の要望に対し細かく対応することが可能でアフターフォローについても商社と比較して優位性があります。

しかしメーカー営業は商社のように自由に商品を選択できず、新商品の投入には相当の時間とコストがかかるためこの点小回りが利きません。

商社とメーカー営業の共通点は、どちらも**顧客のニーズに合った提案をすること**が重要です。

*1 既存の市場や産業における競争の激しい状況
*2 未開拓の市場や産業、または既存の市場の中で競争のない状況

商社

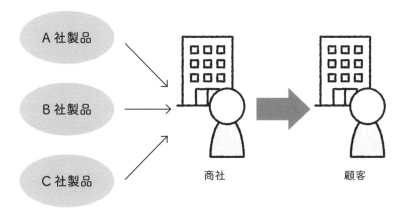

A社製品

B社製品

C社製品

商社　　　　　　　　顧客

メーカー営業

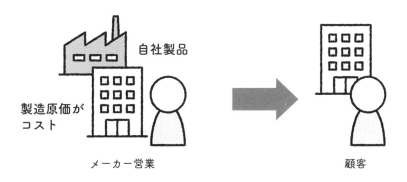

自社製品

製造原価が
コスト

メーカー営業　　　　　　　　顧客

どの営業にもいえる
大事なことは？

　もしあなたが営業パーソンに「何を販売しているのですか？」と聞いて、その回答を聞いたとしても、あまり馴染みがなく、ピンと来ないでしょう。

　それは、現代において販売製品やサービスの多様化は言うまでもなく、ありとあらゆる金銭流通のあるところ隅々に、営業パーソンが介在しているという証拠です。

　サービスについて具体的に例を挙げたところで、ほとんどが無関心な題材になってしまうのですが、どんな販売対象であっても全ての営業パーソンにとって、必ず考慮しなければならない共通の原則があります。

　それは、少額の製品やサービスだった場合、**ロット買いを促す**か、サービスを足して**付加価値をつけて販売をする**ことです。

　営業パーソンは、対象の製品やサービスを販売するまでは、"経費の塊"ということになりますが、この経費は売上から引かれるものです。その売上が少なければ、当然経費をカバーできず赤字に陥ってしまいますので、利益を上げるために付加価値をつけることが最も営業パーソンに必要な活動になります。

　これらが難しい場合は、営業パーソンの経費をゼロに、**できるだけ早くEC*****化へシフトすること**です。

　右のグラフは、経産省が調べた年間の個人のEC購入価格です。これだけの額をスマホやPCを介して毎月購入しているということから、この額までは購入を促す営業パーソンは不要ということが言えます。従ってEC化シフトの目安は５万円／月（年間60万円）でしょう。

＊ ネット販売、もしくは電子商取引のこと

売上と利益

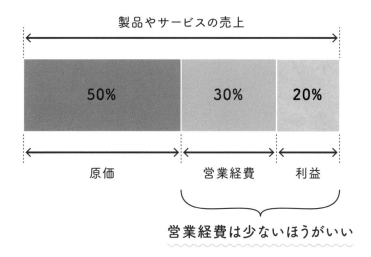

製品やサービスの売上

50%	30%	20%
原価	営業経費	利益

営業経費は少ないほうがいい

EC の普及率

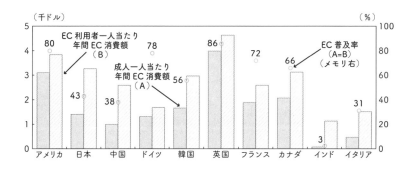

（千ドル）　　　　　　　　　　　　　　　　　　　　　　　（%）

EC 利用者一人当たり
年間 EC 消費額
（B）

成人一人当たり
年間 EC 消費額
（A）

EC 普及率
（A=B）
（メモリ右）

アメリカ 80　日本 43　中国 38　韓国 56　英国 86　フランス 72　カナダ 66　インド 3　イタリア 31

出典：内閣府『成人一人当たり年間 EC 消費支出と EC 普及率』

顧客の属性について知ろう！

「あなたは、どの属性の顧客に販売活動を行っていますか？」

属性によって営業方法やテクニックが異なるのでこの理解は非常に重要です。

BtoBは、「企業対企業」を表し、BtoGは、「企業対官公庁」を表します。テーマによって、この「BtoG」は「BtoB」として論じられることがありますが、営業パーソンにとっては販売プロセスとポイントが異なるので、これを分けて考えるほうが良いでしょう。

BtoCは、例えば住宅やマイカーと言った個人への販売を対象とする、営業パーソンの個人に対する営業活動の属性を表します。

営業パーソンによっては各BtoB、BtoG、BtoCを経験している方も多いかと思いますが、右上のグラフより、**BtoBの市場規模はBtoCの10倍以上**ですから、これに準じて、BtoBの営業経験の営業パーソンが一番多いと言えるでしょう。

右下の表は、BtoBとBtoCの特徴を比較しています。同じ営業でも大きく異なることがわかります。企業に対する営業は、お互い業務の中の取引で、価格帯は数万円から数億円と幅広く、継続的な関係を築くための活動をしていくことがポイントになります。

一方、個人向けの営業は、例えばマイカーの購入やマイホームの購入などの高額商品には特に営業パーソンの活動は不可欠で、頻繁なリピートを期待できないので、個人に対する営業は**短期に取引を成立させる営業テクニック**が必要になります。

他にもBtoD、CtoCといった種類もありますが、ここでは営業パーソンの仕事を中心に話しますので割愛します。

BtoB は 334 兆円、BtoC は 19.4 兆円

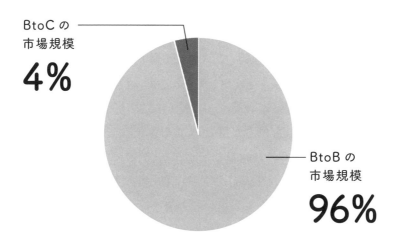

BtoC の
市場規模

4%

BtoB の
市場規模

96%

	B to B	B to C
イメージ		
範囲と価格帯	●提供するモノやサービスはフレキシブルに対応できる （例：機器販売のみか、その設置工事など請負か） ●価格帯は広範囲	●提供するモノやサービスは限定的で、価格帯も想定される範囲内の設定になる
営業のコツ	●継続的な関係を念頭に営業すること ●提供するサービスは手軽に対応可能な EC 化へシフトすること、モノについては定期的なメンテナンスや点検などであったりサブスクリプションの推奨を行う	●購入の意思を早期につかみ、意思があるとしたらできるだけ早く契約（クロージング）に持ち込むこと ●アフターサービスを丁寧に説明し、クチコミ展開を見込む
その他	●提供のモノやサービスのその後の評判をフォローし、評判を落とさないことで、継続的な関係を維持する ●クチコミは見込めない ●専門用語や業界用語で営業すること	●少額販売（5万円以下）は EC 化へ移行する ●わかりやすい表現、言葉で営業すること

BtoBとBtoCで
なにか変わる？

営業パーソンは、自社の製品やサービスを販売するのに集中するあまり、つい「顧客は理解しているだろう」と話を進めていくことがありますが、それはダメです。営業には「顧客の完全な理解」が必要です。前項で「顧客の属性」について述べたように、**属性によって営業商談の話の進め方が異なってくる**からです。

BtoB営業がメインの私は新人研修の「営業パーソンは顧客にわかりやすく提案」という教えの通り、「一般人＊でもわかるように」企業に対して営業トークをしていましたが、全く通用しませんでした。企業相手の営業は業界の「専門用語」で営業しなければならなかったからです。

企業に属する顧客にとって、**営業の面談はできるだけ短時間で済ませて本業の業務に戻りたい**ものです。そこへ営業パーソンが「一般人」でもわかる言葉で提案してきたらこう思うでしょう。「この業界に詳しくないようだな」「専門用語の意味を一つ一つ説明してやらなければならないな、勘弁してよ」といった具合で、初回面談をしてくれたとしても、次回顧客は一般人でもわかる用語を話す営業パーソンに会うことをしないでしょう。顧客は「修行して出直してこい」と言いたいに違いありません。

一方、顧客が一般客であるBtoCの場合、「一般人」にとって、**わかりやすい言葉で提案**しなければなりません。一般の個人が営業パーソンと接する機会は高額な商品の購入を検討するときですが、顧客は営業パーソンに会う前に相当な下調べをし、既にある程度の購入したい像が描かれています。ですから、顧客は製品やサービスに対して購入する前の希望や、購入後の不安や疑問についてを一番知りたいので、専門用語を含む**マニアックな情報は全く不要**です。

＊中学生でもわかることを基準に

BtoB （BtoG）

工場にて

BtoC

住宅展示場にて

マンセル値：**色を数値化したもの**
5Y/71（ごわいなないち）は JEMA で配電盤の標準色として規格されていますが、一般の方はほとんど知りません。

BtoGってなに？

BtoGとは、「Business to Government」の略語で、**企業が国や自治体、行政に対して商品やサービスを提供する取引の仕組み**（ビジネスモデル）です。例えば、自治体に対してオフィス用品を提供するビジネスや道路工事などの公共事業が挙げられます。モノだけでなく、BtoGでは**情報システムの導入やコンサルティングなどのサービス事業**も主要なビジネスになってきています。

営業パーソンにとってBtoBやBtoCに対してBtoGの業務が決定的に異なる点があります。BtoBやBtoCは企業や一般の顧客に、自社の製品やサービスを閉鎖的に（顧客にだけ）紹介し取引できます。BtoGは機会均等の観点から、自社製品やサービスを直接行政などに紹介をすることはできるものの、いざ取引する段階では紹介した製品やサービスは一旦入札システムを通じて、行政が入札仕様として一般に公示がされることです。つまりBtoGは足繁く担当窓口に営業活動をしても、**取引の段階で製品やサービスはオープンにされる**ということです。

入札とは？

国や地方自治体などの官公庁が民間会社と契約締結を結ぶ際に、公平性や透明性を確保した契約方式を表します。よりわかりやすく説明すると、国民が払っている税金を使用している官公庁が、税金を無駄にしないよう、一定の条件を提示したうえで、最安値で請け負ってくれる事業者を選ぶ契約方式のことです。入札制度とは、発注者である公的機関（発注行政省庁、地方公共団体、各種法人団体など）が発注する案件を、一般の事業者に応札させて選定する手続きを表します。

入札仕様書とは、官公庁の契約担当者が作成する入札案件の詳細が記されている書類。契約金額を積算するための条件が記載されています。

BtoG の失敗

行政待合室

アウトサイド営業と
インサイド営業の違いは？

アウトサイド営業とインサイド営業は、文字通り営業パーソンが外で活動するかオフィス内で営業活動を行うかの違いです。この2つのスタイルは同一の営業パーソンで行うことがほとんどですが、稀に各々に分かれて2人チームで活動するケースもあります。

アウトサイド営業は、**客先を訪問**して、製品やサービスの提案や販売、契約締結などを行う営業です。顧客の表情や反応を直接見ながら、対話を重ねて製品やサービスを提案するので、対人交渉が重要なことは言うまでもありません。フィールドでの営業活動が主体となり**「営業は足で稼げ」が典型の活動スタイル**です。

インサイド営業は、オフィス内にいながら、電話やメール、ウェブ会議などを通じて、製品やサービスの提案、販売、契約締結などを行う営業のことです。**オフィス内にいる**ため、多くの時間はPCに向かって作業することになります。

インサイド営業のスタイルは、COVID19の世界的な流行で社会全体が在宅ワークを余儀なくされた時期に大幅に浸透し、営業パーソンの客先訪問のための移動時間や経費を削減しながら営業活動ができるようになって大きな効果をあげています。

しかし、**インサイド営業に偏ることは禁物**です。常連客や気心の知れたお客に対し、ウェブツールを使用しての新製品やサービス、簡単な説明事項などは有効ですが、初回アプローチの場面や、現場提案に合わせるような打合せの場面などは、実対面のアウトサイド営業の方が断然安心感を覚えます。

アウトサイド営業とインサイド営業のスタイルは必要に応じた偏らない**バランスのいい営業活動**をすることを心がけましょう。

インサイド営業

はじめまして、XYZ社の齋藤と申します。弊社は業界向けの製品を扱っているメーカーで、最近御社と同業の方々に高評価を得始めた「コンプリケートver9」をご紹介したくお電話いたしました。

…

興味はあるけど…御社に外回り営業はいないの?

アウトサイド営業

新製品「コンプリケートver9」のカタログです

遠路はるばるありがとう。

先日ver8に替えたばかりだけどね

ルート営業って
なにをするの？

ルート営業とは、既に会社が取引をしている**既存顧客を中心に営業活動**を行うことです。例えば商社の場合、取扱商品を卸している小売店などを順に回って、商品の販売状況の確認や、新しい商品の提案をします。

既存顧客を相手にすることから、営業職でもストレスに感じる飛び込み営業やテレアポなどを行うことはありません。しかし、回れば売上に直結するような手軽さは、１件の取引額があまり大きくない分、**ある程度の取引件数がなければ成り立ちません**。また、競合に常に晒されている側面もあります。

従って、ルート営業を行う営業パーソンにとっては以下がポイントになります。

１．定期的に回れる充分な客数を持ち、十分な売上を確保すること
２．各顧客に対してきめ細かでマメな対応を継続的に行うこと

限られた時間の中で回れる客数を多くしたければ、顧客の接客時間を少なくしがちですが、きめ細かなフォローを怠ると競合に横取りされる可能性が出てきますので、接客時間をある程度確保するための訪問ルートの設定はかなり重要になります。

巡回セールスマン問題

「セールスマンがいくつかの都市を１度ずつ全て訪問して出発点に戻ってくるときに、移動距離が最小になる経路」を求める問題のことで、組み合わせ最適化問題の中でも有名な問題

30都市のときには、4.42×10の30乗通り／スパコンで1000万年以上かかる

ターゲット営業って
なにをするの？

彼を知り己を知れば百戦殆からず

孫子の兵法

　ターゲット営業とは、営業パーソンやグループが設定した具体的な販売目標を達成するための**特定攻略客に対する営業活動**のことです。これらの目標は、市場需要や競合、ビジネスの成長目標などを考慮して設定されます。

　ターゲット営業は、将来攻略後の顧客からの波及効果をにらんだ営業活動になりますので、ターゲットとなる特定攻略客は、大企業や影響力が大きな顧客でないと、この活動の効果はあまり期待できません。

　また、ターゲット営業の醍醐味でもある競合奪取は「牙城攻略」といった言葉があるように、お城を陥落させるようなイメージで、**一朝一夕の活動で達成できるものではありません。** 牙城を崩すストーリーと、攻略後のストーリーを併せ持ち、忍耐強い継続的な営業活動が求められます。

　従って営業パーソンにとってターゲット営業の対象客はしばらくの期間、売上を立てることができませんので、現在売上があるベース客への営業活動とターゲット客に対する**攻略営業活動の同時進行**が必要です。ベース客の営業活動に流されないよう注意しましょう。

　敵の実力や現状をしっかりと把握し、自分自身のことをよくわきまえて戦えば、なんど戦っても、勝つことができるものです。何か問題を解決するときも、その内容を吟味し、自分の力量を認識したうえで対処すれば、うまくいくものです。

企業構造

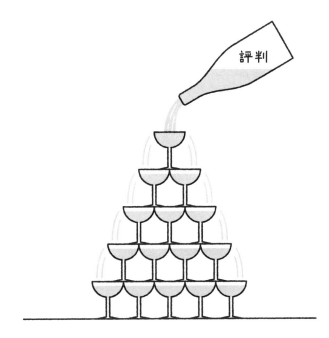

評判

大企業や影響力のある企業をターゲットとする理由は、その企業を攻略した後を考えるとイメージができます。例えば、影響力のある企業に製品を納入してしまえば、上の絵のシャンパンタワーのように、評判が自然に同業界に浸透していきます。逆に影響力の少ない企業に納入しても評判は限定的です。

アカウント営業って
なにをするの？

アカウント営業とは、ターゲットとなる顧客を絞り込み、その顧客に対して深く入り込んで課題解決の提案をし、顧客内のシェアを高めていく営業活動です。顧客を絞って営業活動を行う点で前頁のターゲット営業に似ていますが、ターゲット営業はほぼゼロの顧客の関係から牙城を攻略し、顧客の関係を構築していくのに対し、アカウント営業は攻略後に顧客と一心同体になって、**顧客の問題点とソリューションを提案**してその顧客の売上向上に責任を持って取り組むという営業スタイルです。

言わばターゲット営業達成後の営業活動は、アカウント営業へ移行するということになります。それだけにターゲット営業の初期段階の顧客の絞り込みは慎重に行うことが必要です。

相手企業の規模は大丈夫か？　逆に我が社の身の丈に合っているだろうか？　企業理念は、我が社のベクトルに合っているだろうか？　といったことから顧客の絞り込みを行っていきましょう。

また、営業パーソンは相手の企業にとって一種のコンサルタントとなり、常に企業発展のために**従来の営業よりも高いレベルの提案**を行わなければ永続的な関係は築けません。従って営業パーソンは高度な知識と経験が必要です。

このことにより、相手企業に付加価値の高いモノ・サービスを自ずと受け入れてもらいやすくなります。永続的な関係を築くポイントは、速やかな引継ぎを念頭にベテランと若手の**チームで営業行動**をすることが良いでしょう。

アカウント営業とポンプの汲み上げ

ターゲット営業で掘り起こした顧客を、アカウント営業に発展させる活動は、油田を掘り当てた後のポンプの汲み上げ活動に似ています。せっかく掘り当てても、継続的にポンプを回さなければ次第に錆びついてしまうため、再び汲み上げるにはそれなりの労力が必要になります。

コンサルティング営業って なにをするの？

コンサルティング営業とは、様々な知識やノウハウを活用して、顧客が抱えている課題に対して解決の提案やアドバイスなどの**コンサルティング**をしながら、自社製品とサービスの販売に結びつけていく営業活動です。コンサルティング営業には、家電や不動産などの有形商材のほかに、サービスや金融商品、人材教育といった無形商材などがあります。

コンサルティング営業の活動プロセスは、顧客の抱える問題を丁寧にヒアリングし、顧客の**本音を引き出してベストな解決策を見出す**ことです。そのためには顧客が抱えている問題点を正しく把握するための**「ヒアリング力」**が営業スキルとして求められます。

また、活動のポイントとしては、ベストな解決のために自社製品やサービスを販売に直結させることですが、状況次第では他社製品や競合を採用することで、顧客の最大限の問題解決を実現し、顧客からの**信頼を勝ち取る**ことも必要になります。このことで顧客との継続的な取引が可能になります。

コンサルティング営業を行うポイントとしては、一朝一夕で顧客との信頼関係の構築は難しいため、会社に属す営業の場合は専任の業務でない限り、自社製品やサービスの販売を軸に販売実績を上げてからコンサルティング営業に挑戦をしましょう。

コンサルティング営業の失敗例

直接営業と間接営業って？

　直接営業とは自社に営業パーソンを確保して直接営業を行っていくことに対し、間接営業とは特定の製品やサービスのために自社に営業グループを持たずに、代理店や商社、流通業者等に**自社の製品を販売代行してもらう**ことです。

　直接営業と間接営業は企業の方針によって様々ですが、「直接営業のみ」「間接営業のみ」のどちらか一方の活動は稀で、通常この両方を行う折衷の営業活動がほとんどです。例えば、同じA製品の販売について、顧客に直接販売するケースもあれば、商社に一旦A製品を卸してから、その商社を顧客に販売するといったケースなどがあります。

　一見、間接営業と比べ直接営業のほうが、顧客と企業の双方に断然メリットがありそうですが、間接営業は今でも色あせるどころか、**ますます必要とされています。**それぞれのメリットとデメリットは以下の通りです。

直接営業	
メリット	デメリット
・顧客のニーズを直接把握 ・営業情報が自社に蓄積 ・間接業者へノーマージン	・人件費他販管費が高い ・販売網の拡張が容易でない ・販売を営業能力に頼りがち

間接営業	
メリット	デメリット
・人件費他販管費が低い ・販売網の拡張が容易 ・人材を営業以外に注力可能	・顧客のニーズが把握しづらい ・営業情報は間接業者頼りになる ・間接業者へのマージンの支払

　企業は自社の製品やサービスが直接営業と間接営業の**どちらに適しているかを検討**して営業活動をすると、より良い効果を得ることができます。

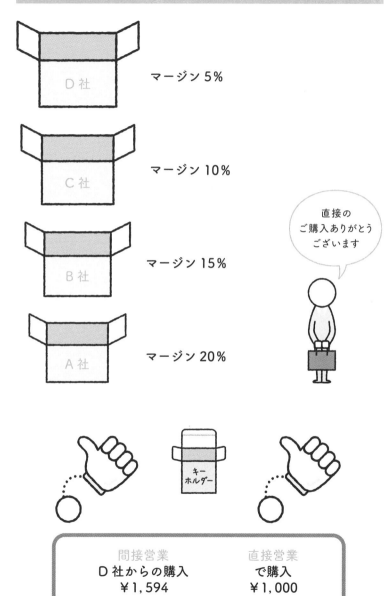

事業開発営業って？

　事業とは、大きな目的に対して企業が組織的、継続的に営利目的の経済活動をすることです。"事業"の一例として「建築・都市分野の道路建設、宅地開発などのプロジェクト」と聞くとピンと来るでしょう。このような**プロジェクトの新規開拓の取引に導く営業活動が事業開発営業**です。

　大企業に属する事業開発の場合、一般に営業と事業開発担当者の業務が分かれていますが、中小企業などの場合は一般の営業がその業務を担うことがほとんどです。この分野で成果を出すには営業コミュニケーションは言うまでもなく、交渉、マーケティング、データ分析、プロジェクト管理などのスキルも不可欠になります。こうした多彩なスキルを身につけた人材の登用が、事業開発分野で成功するチャンスを増やします。活動スパンは5〜10年と長いですが、節目節目の方針決定の場面で、いちいち会議や稟議を通して進めているようでは、時流に沿った事業の実現が適わない結果になりますので、事業開発を進める業務担当者には、早い方針決定のためにある程度の意思決定権の付与が必要です。従って、事業開発営業は、営業の中でも上位の役職や高学位のスキル豊富な人材に業務が任されます。

　また、事業開発営業は、企業間の組織で行う活動のため、大きなプロジェクトになる分、**費用対効果のインパクトもその分大きい**です。反面、不調な時期の相手企業の負の連鎖の**リスクも十分考慮が必要**です。相手企業は長期にわたりお付き合いをする関係になりますので、2人3脚で共にする身の丈に合ったパートナー企業と事業の選択が必要になります。

新事業は相手企業との２人３脚

第 **2** 章

営業の
思考法

社会の中での営業の役割って？

> 営業というのは、ビジネスの血液だ。血液は体内にある全ての臓器に
> 栄養を与え、生命を維持している。同じように、営業も全ての部門に
> エネルギーを与え、ビジネスを成長させている。
>
> ウォルト・ディズニー

　第一章では営業の種類と全体像を知る事で、営業パーソンの立ち位置を確認することができたことでしょう。この作業は旅に出発する前の地図上の現在地を確認することと同じで、立ち位置がわかれば、行きたい方角や方法は自ずと見えて目的地への最適なルートをイメージすることがでるようになります。

　目的地への最適なルートをイメージできたら、次は心構えです。第二章では、「営業活動においての心構え」を説明します。この心構えについての説明は概念的な事柄が多いですが、営業活動のみならず普段の生活にも関連するヒントになります。

　よく「社会」を「生き物」のように例えられますが、社会の中の"営業"は何の役割に置き換わるかと言えば、それは全身を流れる「血液」に置き換えられるでしょう。

　「血液」の役割と「営業パーソン」の役割を対比する表を右にまとめてみました。見比べてみると「営業は社会を流れる血液」ということがよくおわかりになるでしょう。

　言うまでもなく、「営業」は**社会にとってなくてはならないもの**です。

体における血液の役割	社会における 営業パーソンの役割
細胞に酸素や栄養を運び、二酸化炭素や老廃物を回収・配達する	顧客にモノ・サービスを提供する（運ぶ） その代価をもらう
体内のバランスをとり、血流により体温を維持する	経済活動を活発にして社会を維持する
怪我をした場合、過度の出血を防ぐための凝固	顧客のトラブルシューティング
体にばい菌等の異物が入る不具合の場合、白血球や抗体を運びこれを良好な状態にする	現場で発生した問題は技術者や専門担当を呼び、これに対処する

営業活動は
「振り子」と同じ？

営業の成功は、タイミングとアプローチの組み合わせによって決まります。タイミングが悪ければ、どんなに素晴らしいアプローチでも無駄になります。逆に、タイミングが良ければ、それほど素晴らしくないアプローチでも成果を出すことができます。そして、営業のタイミングは振り子のように揺らすことができます。つまり、常に顧客との接触を持ち、適切なタイミングでアプローチをすることが重要です。

営業コンサルタント　ジェフリー・ギトマー

　さて、**「便利や利益を販売し広める仕事」**として営業パーソンの役割は重要ですが、これを**継続していくモチベーションのマインドセット**は「営業活動は大きな振り子を揺らすイメージ」です。大きく重たい振り子でも、方向とタイミングを見極め、繰り返し押せば、振幅は大きくなっていくものです。営業もこの振り子と同じで、大きく重たいプロジェイクト案件でも繰り返し顧客の要望をヒアリングし、タイミングに合わせて自社の提案を繰り返せば、顧客は同調して大きなプロジェクト案件も受注につながります。要約すると以下になります。

1．営業を開始したら継続して行動をする　継続できないなら、「行動しない」と割り切る。継続しないと振り子は減衰してしまう。初動の動きが無駄になる。

2．成果が上がることを信じ兆候を感じ取る　（例）お試しの少額受注からはじまり、振り幅が大きくなるに従い"継続"受注と"大口"受注へのエネルギーは大きくなる。

3．タイミングを見て行動をすること　顧客状況を考慮し繁忙期やトラブル対応時の営業は避ける。バッドタイミングは逆方向の振り子に向かうようなもの。

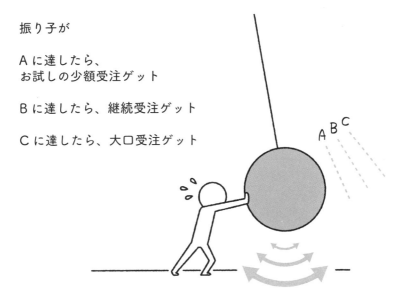

振り子が

A に達したら、
お試しの少額受注ゲット

B に達したら、継続受注ゲット

C に達したら、大口受注ゲット

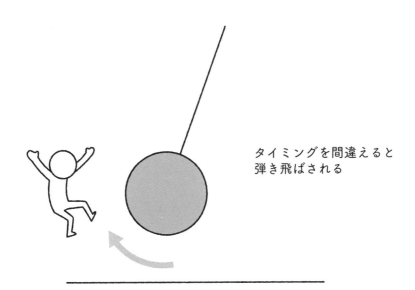

タイミングを間違えると
弾き飛ばされる

ルーチンを取り入れよう

　営業の効率を上げるには、"継続"が鍵ですが、何事も"継続"の秘訣は「ルーチン」を取り入れることです。ルーチンとは決まった手順のことで、ビジネスを成功させるために不可欠な要素です。ルーチンを取り入れるメリットについて以下の通りです。

効率性：明確なルーチンがあることで、より生産的に作業ができ、仕事を完了するために必要な時間を短縮できます。

一貫性：作業の一貫性を維持するのに役立ちます。高品質の製品やサービスを長期間一貫して提供することで、自社と自身のブランドを構築できます。

拡大の柔軟性：活動範囲を拡大するには、確立されたルーチンは不可欠です。品質と一貫性を維持することで、仕事を他者と共有し拡大ができます。

時間管理：どの仕事をいつ完了する必要があるかを知り、作業に優先順位を付けることで、重要でない仕事に時間を浪費するのを避けることができます。

ストレスの軽減：明確なルーチンが整っていれば、何をすべきかがわかるため、不安を軽減し、集中力を高めることができます。

　つまりルーチンは、**効率**、**一貫性**、**拡大の柔軟性**、**時間管理**、および**ストレス軽減**に不可欠です。より効率的に作業し、時間をより適切に管理し、品質と一貫性で自身と自社のブランドを構築することができます。

ルーチンの乱れ

朝の会社通勤をイメージしてください。これはみなさんが何気なく行なっているルーチンです。例えば、寝坊や電車のダイヤ乱れでルーチンが崩れると、その日の歯車が噛み合わない感じになりませんか？

「顧客の興味」の
見分け方は？

> 良い情報は、情報を持つ人が情報を共有することによって、波紋のように広がっていきます。そして、その情報が広がるにつれて、より多くの人がその情報を知るようになります。これが、情報の拡散の仕組みです。
> ビジネスアドバイザー　ガイ・カワサキ

　営業は、インサイドセールスであれ、アウトサイドセールスであれ、他社や他者にコンタクトをとって、何らかのアピールをすることから、その活動そのものが伝わってきます。

　顧客にとって利益や得がある情報は波紋のように早く広がります。例えば、顧客の立場で、「押し売り」のような電話を受けた場合と、「興味がある」電話を受けた場合でもわかるように、前者の「押し売り」電話のような利益や得を感じさせない情報はそれ以上の展開はありません。しかし、自身に「興味」が湧くような後者の電話だった場合は、次に同僚や上司に相談という形で、その情報が有益なほど波紋のように伝達するでしょう。

　例えば私の実体験は、テレアポの場面で私のPRしたい事柄を電話窓口の応対者に話したあと、「担当者につないでもらえませんか？」と伝えると大抵は「不在」や「席空き」の旨の返答で次につながることはほとんどありませんが*、顧客に興味がある場合は、折り返しの電話で、しかも決定権のあるキーマンからの返答があります。

　このように営業活動の中で、情報の"広がり"を実感できたら、裏を返せばその営業活動は、顧客にとって"興味"がある表れと自信を持つことができます。

---

* テレアポで興味を示し契約まで漕ぎつけるには、サービスやモノ、顧客の属性により様々ですが、工業系の製品を販売してきた私の感覚として、100件電話して、「興味あり」が30件ほど、そして契約につながる顧客はその中から、5から10件程度の感覚です。いずれにしても、5件や10件のテレアポでは成就に至りません。

顧客の興味と波紋

受注の実績

現状

受注の実績

日々のルーチンと共に、営業は外へ影響している

スパイラルアップを
意識しよう

> 人生はスパイラルのようなもので、前回の成功が次回の成功につなが
> る。より高次元の成功を実現するためには、常に自分自身を向上させ
> ることが必要である。
>
> 起業家　ジム・ローン

　営業において継続的な日々の活動を積み重ねていくと、右の絵の
ように**螺旋軌道が広がりながら上がっていく軌跡**をイメージするこ
とができるでしょう。この形状を「スパイラルアップ」と呼びます
が、この概念は品質改善サイクルPDCA＊からきています。

　上記のことからも営業活動と業務改善の流れはリンクすると言え
ます。

　このように業務改善を進めることで、リソース（経費）や時間の
節約につながって他社との競争力を高めます。営業活動もこれと全
く同じ軌跡で、**日々継続的な改善をしていくことで自身のブランド
力を高めます。**

　スパイラルアップを続けていくと、今まで苦しかったと感じてい
たことが、あるとき簡単に感じるようになります。それはあなたが、
「レッドオーシャン」から抜け出し「ブルーオーシャン」の新しい
領域に入った兆候です。

　営業の一つの通過点として、この「レッドオーシャン」から抜け
出し「ブルーオーシャン」の世界を体験しようではありませんか。
営業が「苦」から「楽」へと劇的に変わります。

＊ Plan（計画）、Do（実行）、Check（評価）、Action（改善）の仮説・検証型プロセスを循環させ、マネジ
メントの品質を高めようという概念　P110参照

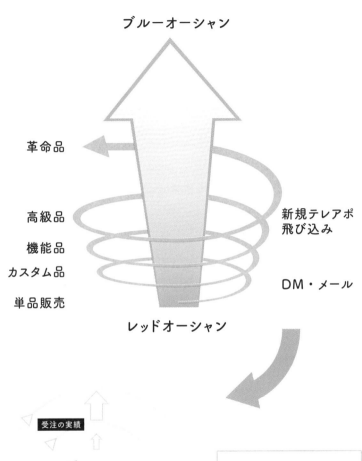

スパイラルアップでブルーオーシャンを目指す

ブルーオーシャン

革命品

高級品

機能品

カスタム品

単品販売

レッドオーシャン

新規テレアポ
飛び込み

DM・メール

受注の実績

現状

受注の実績

スパイラルアップの
断面
（日々の営業活動）

デキル営業パーソンへの
近道は？

営業成績を上げるためには、経験を積むことが非常に重要である。そして、その経験を通じて、成功や失敗の結果を受け入れ、改善していくことが必要である。このようにして、自分自身がより効果的なアプローチを見つけ、顧客とより良い関係を築くことができるようになる。

自己啓発書作家　トニー・ロビンズ

「デキル営業パーソン」になる近道は、失敗と成功の経験を多く積むことです。"営業の経験"は、時間がたてば勝手に身につくというものではありません。新しく顧客を掘り起こし受注に至るまでの経験や、顧客に対してのアフターフォローなどが"営業経験"になります。

　特に失敗の経験は非常に貴重です。私も過去には様々な失敗をしていますし、「失敗をしたことがない」と言う人にお会いしたことは一度もありません。みなさんも"失敗"の経験があるかと思いますが、大きな失敗の経験ほど、記憶に強く刻まれ、**反省と自己分析**をして二度と同じ失敗を起こさないように気をつけるようになったと思います。

　また、そのような失敗は新人の頃に多く、歳を重ねるごとに失敗が少なくなったと感じるのは、日々の継続的な改善の結果で、前頁で紹介した「スパイラルアップで自己のブランド力を高める（自己を向上させる）」をごく自然に日々実践しているからです。

　「顧客に叱られるような『失敗』はしたくない」ので、「失敗をしない近道はありますか？」と聞かれたら、「その近道はありません」が答えです。「失敗は成功のもと」と言いますからね。

ブルーオーシャン

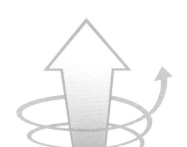

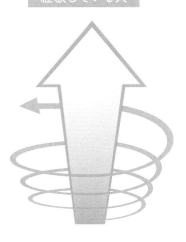

レッドオーシャン

営業の
思考法

7

「売上」だけを
意識していればいいの？

人と人とがつながり、それがつながりにつながることで、ビジネスが
生まれる。

元宮崎県知事　東国原英夫

「営業は足で稼ぐ」や「回れば（訪問すれば）売上はついてくる」
という言葉がありますが、いずれも**「人と人をつなぐ活動」**に言い
換えることができるでしょう。

　例えば、新規客の場合、アプローチの段階で「営業パーソンと顧
客」がつながります。顧客のニーズに対して営業パーソンは、「自
社の上司」を経て「協力会社の担当」につながり、後打合せの段階
で「営業パーソンと協力会社と顧客」の３者がつながります。この
ように同じ顧客や協力会社で打合せが繰り返されれば、それは強い
つながりになります。

　また、商談規模が大きくなればなるほど、この人と人のつながり
は大きくなります。この「つながり」のキッカケをつくる営業パー
ソンは、そのつながりの中で評判として共有されて、新規の商談が
発生したりもします。

　どうですか？　日々の営業活動のなかで「売上アップ」は少々ス
トレスのかかる言葉ですが、視点を変えてこの「売上アップ」の言
葉を「人と人をつなぐ」に置き換えて営業活動をするとストレス軽
減になりませんか？

営業が人と人をつなぐ

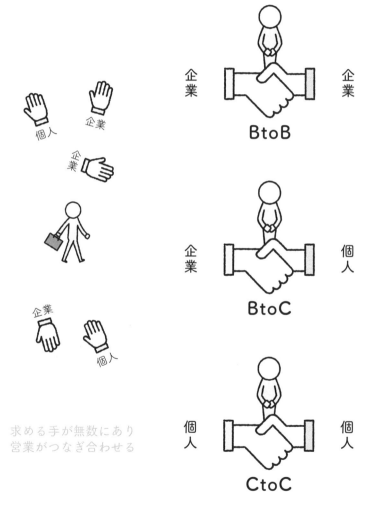

求める手が無数にあり
営業がつなぎ合わせる

営業は「木を育て森にする」ことと同じ？

　さて、営業において「木を育て森にするイメージで営業活動をする」とはどういうことでしょうか？　新人で配属された営業エリアが未開拓の地だとすると、まずは1件、見込み客の"芽"を探し、そして探し当てたら、営業活動で契約受注へといち早く実現させたいことでしょう。

　また、1件契約・受注に漕ぎつけたら、それで終わりではないですよね。全ての営業パーソンは複数の顧客を持ち、あるときは見込み客開拓の段階、あるときは機（木）が熟した契約段階の段階、とほぼ同時期に複数の顧客の対応をこなしています。

　1件ずつ次第に顧客を増やしていくことは、木々が集まり、森を形成していくようなものです。そして**1本の木だけを育てるよりも、複数の顧客を持つ"森"のほうが、1本の木から採れる木の実より得られる恵みが多くなります。**

　私の経験談をお話します。担当していたA社（大手鉄鋼）とB社（大手プラント）それぞれと取引はありましたが、業界が異なりつながりがないと考えていました。あるときB社から、"A社で使用している競合製品のリプレイス"をするプロジェクトの引き合いをもらい、A社と定期的な取引がある私がB社の許可をもらって、A社の担当へ自社製品のPRを実施することで（B社製品に組み込まれるので結果的にB社のPRに等しい）結果受注に成功しました。

　私の競合奪取の一例ですが、これが実現できたのは、一本の木を育てていただけでなく、顧客同士のネットワークの"森"のお陰です。このように信頼関係で結ばれた顧客を増やすことは木々が集まって森のようになり、その森から豊かな恵みを得ることにつながります。

木を育て森を作る

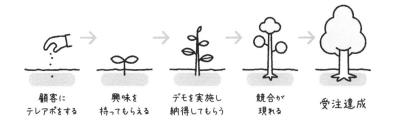

| 顧客に
テレアポをする | 興味を
持ってもらえる | デモを実施し
納得してもらう | 競合が
現れる | 受注達成 |

種から育てて立派な木になると愛着が湧いてきます
そして、多くの木を育てると、森を形成します

誰にとっての営業活動？

　"三方よし"とは、「売り手、買い手、世間の3つすべてにとって良い商売を心がけるべし」という意味を持つ言葉で、江戸時代から明治時代にかけて活躍していた近江商人が持っていた経営理念です。

　現代の営業パーソンは営業ノルマを注視するあまり、自身の営業活動について「買い手（顧客）」や「世間（社会）」にとって"良い商売"を見失いがちですが、営業活動をする最初の段階で**「私は顧客と世間のために営業活動をするのだ」**との意思で臨みましょう。

　私の「三方よし」の実例をあげましょう。昨今では真夏に街頭の軒先で"ミスト"を噴霧し周辺に冷を与える光景は珍しくありませんが、約20年前はこの街頭のミスト冷却という考え方はあまり一般的ではありませんでした。これを広めたきっかけは2005年愛知県で開催された「愛・地球博」の会場内に冷却ミスト用ノズルが設置されたことです。当時名古屋でノズル販売の営業をしていた私は、その一部のノズルを販売することに携わっていました。熱い最中、プライベートで博覧会を訪れた際に私の販売したノズルを噴霧する近くで来場客の様子を見て多くの人が「ああ冷たくて気持ちいい」といった好感を持つ様子を観察することができました。

　この経験から、私は顧客にとっての利益と快適さを追求する「三方よし」が重要なことを強く実感しました。このように「三方よし」のマインドセットは、営業パーソンにとって非常に重要です。顧客のニーズや期待を理解し、提案やサービスを通じて顧客にとって本当に価値ある体験や利益をもたらすことを求め、同時に社会に貢献するビジネスを展開することも絶対に忘れず、**営業活動を通じて顧客と社会の利益を追求し、共に成長することが持続的な成功へとつながります。**

三方よし

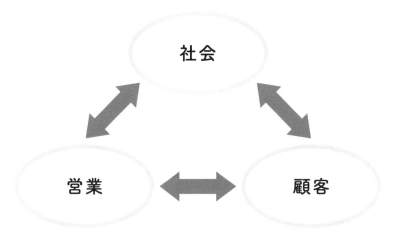

社会

営業　　　　　顧客

この考えが持続的な成功へとつながります

営業に必要な
スキルはある？

知ることができるほど、より多くのものを売ることができる。

あなたが他の人々とコミュニケーションをとる能力が、ビジネスや人生の成功の85%に貢献するでしょう。

実業家　ブライアン・トレーシー

　この"知ること"とは、営業において自分が扱う商品やサービスについての知識を深め、競合他社との差別化のポイントを明確にして顧客のニーズに合った提案をするための知見です。

　誰でも"初めて"の事柄はぎこちなくうまくいかないもので、営業についても同じことが言えますが、営業成績や販売成績を上げるという熱意があれば次第に目標達成につながります。そして目標達成後に振り返ってみると一連の営業活動が"知ること"につながっていたことに気づくでしょう。営業パーソンはこのようにして"幅広い知見"を自ずと身につけていきます。

　右図に、営業パーソンが身につけるべきスキルをまとめてみました。全てのスキルを一様に持たなくても、秀でたスキルを更に洗練させて劣るスキルを補うことも武器になるでしょう。特に**営業にとって有利なスキルはコミュニケーションに関するスキル**（右図の項目4〜7）です。

　まずはコミュニケーションスキルの向上を軸に営業活動を継続し、あるとき営業成績が上がった実感を得たとき、**コミュニケーションスキルと他のスキルも自ずと向上している**ことに気づくでしょう。

	営業の業務プロセス	洗練されるスキル
1	市場調査	●統計　分析力
2	見込み客発掘	
3	ニーズ確認	
4	アプローチ	●コミュニケーションスキル ●製品・サービスの専門知識 ●ハイコンテクスト文化の理解 ●プレゼン力（資料作成含む）
5	面談プレゼン	
6	質疑検討	●質問力 ●傾聴力
7	クロージング	●ローコンテクスト文化の理解 ●心理学
8	納品（立ち合い）	●製品・サービスの専門知識
9	次のアプローチ	●統計・分析力
10	既存客のフォロー	

時短項目

営業の時間を確保すべき項目

時短項目

営業に役立つ学問は？

　右の絵は「営業パーソン」の頭の中のイメージです。いろいろな営業スキルは学問にできるくらい多く存在することを感じていただけるでしょう。私の考える「営業学」は「心理学」に近似するというぐらい営業は**心理的要素が多い仕事**と言えます。

　実際に、営業における心理学の重要性については、多くのビジネス書や研究論文で論じられています。例えば、心理学者のロバート・チャルディーニは、著書『影響力の武器』の中で、人々がなぜある行動を取るかを解明するための心理学的手法を紹介しています

　また、アリゾナ大学の心理学者、ロバート・カルダーは、営業における心理学的手法の研究を行っています。彼は、購入意欲を高めるためのアプローチや、販売員の行動による購買意思決定への影響などについて研究しています。

　このように、営業における心理学的アプローチは心理学者によって行われており、営業に必要なスキルを身につけるためには、**心理学の知識が役立つ**ということが言えます。

　もし更に深堀りしてこの分野の知識を得たいという方には「経営心理学」を学ぶことをお勧めします。これは経営やビジネス間のコミュニケーションに関する人間心理を理解して説得、交渉、問題解決のスキルを高める学問で、エキスパートを目指す方のために「経営心理学士」という資格もあります。

デキル営業パーソンの頭の中

ローコンテクスト
ハイコンテクスト　経済学
質問力　人間味　循環　カリスマ
挨拶　専門知識　先見能力　神頼み　謙虚
コミュニケーション能力　棚ぼた　統計学
対人能力　仕事　営業　経験　気配り
元気　分析力　商人気質　作戦能力
計画能力　心理学　エモ　戦略・戦術
概念化力　ゲーム理論　スケジューリング能力
忍耐　臨機応変　運　行動力

営業はAIに奪われない？

> 感情が売るものであり、人々は感情に基づいて買い物をする。
>
> 作家　ジル・コンラス

　ChatGPTのようなAI（チャット機能）の登場は、「さまざまな職がヒトから機械に置き換わる」と危惧されています。では、「営業パーソン」が機械に置き換わる日は来るのでしょうか？

　未来の世界を描いた映画『A.I.』（2001年米国）では、限りなく人間に似せた子供のロボットが、人間であるお母さんの愛情を受けたい一心に、人間と同じ食事をして自ら故障するというシーンがあります。**機械は人間に似せることはできても、人間そのものになれない**ことを伝える印象的なシーンです。

　確かに、近い将来人間に代わって機械が職を多く奪うことは容易に想像ができますが、最後まで置き換わらずに残る職業は「営業パーソン」でしょう。それは営業が**感情を伴う職業**で、感情を持たない機械には人間そのものになることはできないからです。

　私の経験談で競合製品と競った末に受注を勝ち取ったときの話があります。顧客に「なぜ当社に受注を決めていただいたのですか？」と尋ねたところ「あなたの熱意を買ったんですよ」とのこと。受注達成に加え、私の**熱意が評価された**ことに大喜びしたことを今でも覚えています。

　機械に感情を乗せることができる日はくるでしょうか。

ロボットは感情を乗せられない

「当社のワインは、芳醇な香りと鼻を抜けるフルーティーな香りが特徴です。特に、2023年度にTokyo otaku で生産されたワインは、その年の天候と土壌条件が最適であったため、格別の味わいを持っています。当社のワインは、最高品質のブドウから作られ、厳選された製法で醸造されています。ぜひ、この素晴らしい味わいをお楽しみください。」

って
生産者が言ってました。

ワインを
取り出す様も
そつがない！

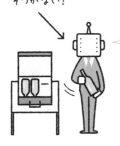

限りなく人間に似た
ロボットの営業

それで、
あなたは
どう思うの？

人間の顧客

自分自身を知ろう

> 自己認識を持つことは、成功において重要な要素の一つである。自分自身をよく知っておくことで、自分の強みや弱みを理解し、よりよく活用することができる。
>
> 実業家　ジョン・ロス

　社会生活を送る上で"自己認識"は非常に重要で、ほとんどの人は就職活動などで向き合ったことがあると思います。特に営業職は社内の関係はもちろんのこと、顧客や協力会社など、人と関わる事が多い職種なので**自己認識をしておくことは必須**です。

　ただ、自己認識と言っても、自身の長所と短所が営業にどのように関わってくるかがわからなかったり、そもそもしっかりとした自己認識をどのようにすればいいのかわからないという人もいるでしょう。

　"自己認識"をする一般的な方法を3つ紹介します。

1．自分史を書き生い立ちを振り返る
2．家族や他者目線からの意見を聞く
3．（アプリなど）自己診断ツールを使う

　特に営業の場合は、自己認識の中でも自分の強みとして、**専門的要素、対人的要素、概念化力・提案力**に分けてそれぞれを認識しておくと、今後の営業活動に役立ちます。この3つについて右表にまとめました。

　いずれの項目も不可欠で、バランスよく、それぞれの要素を高めていくように心がけましょう。

営業に役立つ自己認識のうち
特に重要な3要素

専門的要素　　　　　　　　　　　　　対人的要素

自分の強み

概念化力・提案力

	内容
専門的	自社のモノ・サービスについての知識は顧客にとって一番価値があります。また、多くの顧客と接していれば自ずと顧客のニーズをくみ取り、先行して提案に変換できるようになります。 また、競合他社の研究をすることで顧客が採用もしくは他社からの交換に迷う場合、あなたをその「専門家」として意見の検討をします。
対人的	営業パーソンとして必要なスキルではありますが、苦手な方は多いことと思います。実は顧客側のが苦手なほうが圧倒的に多く、苦手どうしが対面する場合は最初はギクシャクしますが4つの壁（P74）やザイアンス効果（P104）を理解して、継続的に対面を行いましょう。強みに変わります。
概念化力・ 提案力	顧客からのヒアリングをもとに、「何を必要とし、欲して、私に何が提供できるか？」を考えてベスト・ベターな提案をすることです。同様のケースの成功例（場合によっては失敗例）を顧客に伝え自身のイメージ（概念）を顧客に効果的に伝えることがあなたの強みになります。

目標の考え方に
コツはある？

> 思考に気をつけなさい。それはいつか言葉になるから。
> 言葉に気をつけなさい。それはいつか行動になるから。
> 行動に気をつけなさい。それはいつか習慣になるから。
> 習慣に気をつけなさい。それはいつか性格になるから。
> 性格に気をつけなさい。それはいつか運命になるから。
>
> マザー・テレサ

　将来、あなたはどんな営業パーソンで、どのようになっていたいですか？

　Ａ．顧客に"叱られない"ように"ミス"がない営業パーソン

　Ｂ．顧客に"感謝"され"正確に"仕事をする営業パーソン

　ＡとＢは、一見すると似ている事柄に見えますが、Ａの将来は、「顧客に"叱られ"、"ミス"がある（なくならない）」営業パーソンになり、Ｂの将来は文字通りの**「顧客に"感謝"され、"正確に"仕事をする営業パーソン」**になり、ＡとＢの将来は大きく変わってきます。これは脳内の脳幹網様体賦活系－RASが大きく関わっています。

　RASは、"良いイメージ"であれ"悪いイメージ"であれ**想像した通りのイメージを作り出す働き**があります。ここで気をつけなければいけないのは、上に挙げたＡの場合「叱られ"ない"」「ミスが"ない"」をRASは「叱る」と「ミス」の創造をして、否定語の「ない」を**都合良くフィルターで濾すような働き**をします。

　つまり、目標や方針など**仕事を始める前の思考イメージはとても大事**で、使う言葉は全て"ポジティブ"なものに努めましょう。

	目標 ⇒	変換 ⇒	創り出されたイメージと未来
ネガティブ	「木に衝突」しないように滑る 「ミスを起こ」さないように営業活動をする	RAS（脳幹網様体賦活系）が変換	
ポジティブ	「プロボーダーのように」滑る 「スティーブジョブズのような」熱心な営業をする		

スノボー初心者の頃「木に衝突しないように」を心がけて滑ろうとして、逆に体が勝手に木に向かい危うくぶつかりかけたことがあります。これもRASの働きによるものです（だいぶ後にRASについて書かれた本『ブレイン・プログラミング』を読んで知りました）。「木に衝突しない」という言葉を聞くとまず「木」をイメージしますよね。"衝突しない"という事象の言葉をRASはフィルタリングします。このとき私が想像するべきイメージは、プロボーダーのようにカッコよく滑る姿でした。

営業って結局
「運の良さ」じゃないの？

　あるとき、あなたが、同僚や部下、上司から「"運よく"商談が舞い込み、"運よく"受注を達成することができましたよ」という趣旨の話を聞いたとして、あなたは"運のお陰"なのだから「私がやってもきっと同じ結果になっただろう」と思うでしょうか？　それは必ずしも同じ結果にはならないでしょう。

　「運も実力のうち」と言いますが、私は**「運＝実力」**と考えます。例えば大口受注を獲得したり、出世が早かったり「運がいいと言われる人」の特徴を思い浮かべると、ポジティブ思考、素直、勤勉、実直、謙虚、礼儀正しい、と言った言葉が共通してあてはまり、これを備えている人だからこそ"運を引き寄せている"と考えます。

　もちろん私も、「ポジティブ思考、素直、勤勉、実直、謙虚、礼儀正しく」を常に心にとめ、「運」を味方につけて営業活動を行っています。

　松下電器産業（現Panasonic）の創業者である松下幸之助氏が面接時にした「あんさんは、運が良ろしいですか？」の質問に対し「運が悪いです」と答えた人は、どんなに試験結果が良く・高学歴でも不採用にしたエピソードはあまりにも有名です。**最短の質問で人物を見極めていたんですね。**

ことわざ（故事成語）

　人間万事塞翁が馬（一見、不運に思えたことが幸運につながったり、その逆だったりすることのたとえ）

お弁当がおいしいかは考え方次第

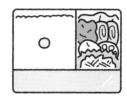

お弁当を食べるとき

好物を後に食べる人

⇩

最後まで好物で完食
（弁当は好物）

お弁当を食べるとき

まずいものから食べる人

⇩

最後までまずいもので完食
（弁当はまずい）

運の良し悪しも理屈はないですが、気の持ち方として「私は運がいい」と
思っていれば運の良い人生を送れるでしょう。

誰でもヒーローになれる！

　2023年スポーツ界最大のニュースは「WBC、日本優勝」でしょう。私は優勝の瞬間を会社のオフィスのPCで観戦していました。

　オフィスで観戦していた私はふと、「選手たちの"ヒーローになった感覚"ってどんなものだろう？」と思ったと同時に、「私もこれに似た感覚があるな」と理屈もなしに感じました。それは私が1億円の商談を決めたときのことです。

　3年前の出来事ではありますが、顧客が興味を持ち始めてから、海外の仕入先、協力会社、社内の調整などなど、そして最後に競合が現れて最終のPRの詰めをし、顧客の納得を獲得し、半年を費やして、ようやく契約に漕ぎつけた商談でした。

　輸入商社、従業員200人の規模の一人当たりの予算（ノルマ）はおよそ年間1億円なので、1商談で1億円は相当稀な大口受注になります。

　営業歴で最高額の商談を決めたこのときの私は、社内で社長や様々な方からお褒めの言葉をいただき、**社内でヒーローになった感覚**と、**営業パーソンとして至上の喜び**を感じたことは言うまでもありませんが、同時に協力してくれた社内外の関係者と顧客に感謝の気持ちが湧きました。

　営業は前線のプレーヤーなので、**会社のヒーロー**になれます。

会社のヒーロー

営業は顧客の
ナビゲーターになろう

セールスとは、世界を変える力を持っている唯一のプロフェッション
である　　　　　　　　　　　経営コンサルタント　トム・ピーターズ

　「変化するものが生き残る」は生物学者であるダーウィンの言葉
ですが、これは生物に限ったことではありません。どんな社会でも
時代の変遷に伴う"変化"は必要となります。特に「営業職」は時代
を牽引する旗振り役ですので、常に**"新しい"情報収集が不可欠**です。

　「営業職は"新しい"情報収集が不可欠」である理由は、これをし
ないと、顧客に対して新しい情報を提供できず、波紋のように情報
を広げることができないからです。P46で述べているように、顧客
の"興味ある情報"は"新しい情報"と置き換えることができます。

　最近では"新しい情報"をSNSで一般の方たちが手軽に発信し共有
することができるようになり、一般的な事柄についての"新しい情
報"は、検索熱心な顧客のほうが営業よりも詳しいということも珍
しくなくなりました。だからと言って営業の価値がなくなったかと
言うと、それについて心配する必要はありません。

　なぜなら、少なくとも自身の提供するモノやサービスについては、
日々の営業活動を通じ、自ずと"顧客の評価や感想"をリアルタイム
に"新しい情報"として収集しているからです。ただし大事なことは、
収集した"新しい情報"は停滞させず、**速やかに顧客や適切な関係者
に発信、伝達する**ことです。

　これは時代や世代を超えるための営業職の重要な役割です。

変化 →

時代

（常に時代を先取り）
変化する営業

常に時代の先端
時代の旗振り役

常に変化を意識する
人は苦痛を伴わない

時間
の
流れ

変化しない営業

変化しないと
時代に
取り残される

変化に
慣れていない人は
時代の変化に
苦痛を伴う

時間
の
流れ

結局、営業の質より
製品の質じゃない？

言葉が相手に伝えることよりも、言葉の裏に隠された真実に注目すべきである

心理学者　アルバート・メラビアン

　「価格」「性能」「デザイン」「ブランド」で遜色がないはずなのに、競合に負けることがあります。それは競合と比べ**「潜在的条件」のせいで負けた可能性**があります。先に挙げた４つの項目は「顕在的条件」に分類され、顧客の「信頼度」に関する項目は「潜在的条件」に分類されます。

　顕在的条件と潜在的条件の関係は右の絵のようになります。つまり、潜在的条件のほうが、顧客に“購入”を決めさせる要因が大きいということです。

　「信頼度」とは、あなたが顧客にどのくらい受け入れられているかを相対的に示すもので、米国の心理学者アルバート・メラビアンが示す「人が他人を受け入れる“４つの壁”」に従えばある程度知ることができます。

　“４つの壁”とは、「第一の壁：外見」「第二の壁：態度」「第三の壁：話し方」「第四の壁：話す内容」です。顧客に受け入れられ、競合に打ち勝つには必至の作業ですので、これをきっかけに自己改善に努めていきましょう。

アルバート・メラビアン

　アルバート・メラビアン（Albert Mehrabian）は、アルメニア系アメリカ人の心理学者であり、コミュニケーションにおける非言語的な要素について研究していました。彼の最も有名な研究は、言葉、音声、および非言語的な要素がどの程度コミュニケーションに影響するかを示す「7-38-55の法則」として知られるものでした。

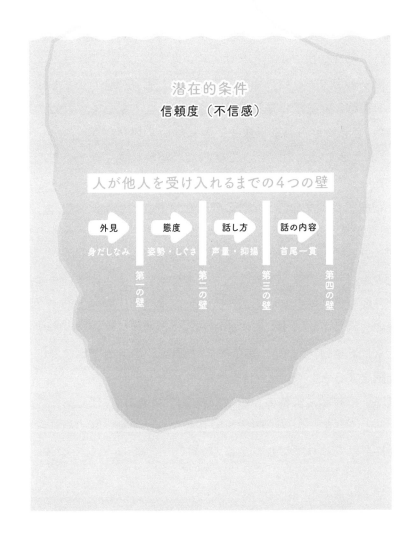

顕在的条件

- ・価格
- ・性能・仕様
- ・デザイン・ブランド

潜在的条件
信頼度（不信感）

人が他人を受け入れるまでの４つの壁

外見	態度	話し方	話の内容
身だしなみ	姿勢・しぐさ	声量・抑揚	首尾一貫
第一の壁	第二の壁	第三の壁	第四の壁

商談で気をつけることは？

推測するな、質問しろ。

作家　ウィリアム・サファイア

　右の絵に見覚えがある人は多いことでしょう。見方によって、「若い女性」に見えたり「老婆」に見えたりする「隠し絵」です。私がこの絵を最初に見たときは「若い女性」にしか見えませんでした。ほとんどの人はこの絵を「若い女性」と見ていたのでしょう。

　絵を掲載した雑誌には見方の解説はなく、しばらく私はこの絵に「老婆」を見つけられないまま、絵について無関心な状態でいました。「どうせ1mm大の大きさで婆さんが描かれ隠されているんだろう」といった先入観です。

　あるとき、私の双子の兄がこの絵を見て「老婆の絵なのに、なんで“老婆が見えますか？”って聞いてるんだろう？」と言うのを聞いて、兄に絵の見方を教えてもらい、初めて気づきました。

　上のエピソードは、私の教訓として仕事に生かされています。それは「顧客は理解している“だろう”」の推測の状態ではなく「顧客は理解した」としっかり**意図が伝わっていることを確認**し、伝わっていなければ“しつこい”“話が長い”と思われても**お互い納得いくまで確認をする**ということです

　商談上の顧客と営業の立場では双方の“考え”にははじめから隔たりがあると見て、お互い確認を取りながら、推測に基づいた行動は絶対に避けなければなりません。

捉え方は人それぞれ

顧客と親密な関係を築くには？

営業は毎日、毎週、毎月、４半期毎、半年、１年毎と、リズムを持って活動をすることがスムーズな営業活動につながります。この**リズムを持った営業活動は顧客の側でも共振**してくれます。

それはまるで、２つの音叉の間でまた別の音叉が"一定のリズム"で振動すると、もう一方の音叉が"そのリズムの通り"共振することに似ています。

私は顧客の工場に定期的に訪問することを心がけていました。中には新製品のPRで１度訪問したら、次回のネタがなくなって「定期的には無理だよ」と言われる方もいるでしょう。最初は私もそのような感覚でした。

特に初訪の顧客に対しては、次につながる"宿題"をもらえるようなクロージングの商談になるよう工夫をしていました。

例えば：

顧客「新製品には興味ないんだけど、その周辺機器で相談したいんだよね。対応できるかな？」

私「今即答はできないので、調べて"次回"ご報告に再度伺います」といった具合です。しかも、顧客には一定間隔で３回は会うことにしていました。

初訪から３回、４回と訪問を繰り返していると"顧客の側から"「今、どこを営業してるの？ 相談したいことがあるんだけど、いつ来れる？」と連絡があります。私は、このようにして幾度も顧客の側から「営業しにきてコール」を獲得してきました。

このようにして、一定に顧客に訪問していると、**顧客側もその活動に共感（共振）**をしてくれるものです。

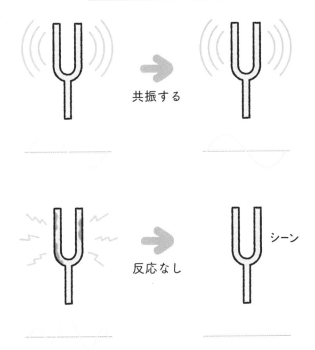

音叉

共振する

反応なし　シーン

不規則だと共振しない

営業　　　　　　顧客

売るよ～　買うよ～

規則的なコンタクトは顧客が共振してくれる

第 3 章

営業の実践

営業のゴールは
受注達成でいい？

　営業をOJTで教え・学ぶことは今も昔も変わりません。新人教育や引継ぎのときにOJTをしますが、注意しなければいけない点は「営業は『受注達成』が仕事」ではなく「売上（回収）達成」までが営業パーソンの仕事ということです。「売上（回収）」はOJTでは見えない業務処理なので、ここはきっちり理解していなければなりません。

　特に「受注」を営業成績として考えている会社は注意が必要です。それは、"商品やサービスの提供に対し、**客の対価としての代金受け取りに差が生じる**"からです。

　例えば「末締め翌月末現金振込」の条件のとき、「受注（契約）」が成立し、5月1日に納品して、その日に"検収された"場合、会社側が対価として受け取る"現金"は、「5月31日に顧客の会計を締め、6月30日に代金を振り込む」ということになります。つまり会社が顧客から受け取る代金（現金）は、納品してからほぼ2か月後ということになります。

　上記の条件はまだ良い方かもしれません。「翌月」が「翌々月」となれば、更に1か月代金支払いが延び、「現金振込」が「手形120日後支払」となれば、"現金として"受け取れる代金は3か月後です。このような「取引条件」は、会社が顧客を信頼し、通常高額な現金を持ち合わせない顧客の事情を考慮して**購買意欲や流通の妨げとならないようにするための譲歩した約束**です。よって営業パーソンとしての仕事は、顧客の事情を知り、基本は「前払い」か「代金引換」の会社側の有利な条件で提示し、契約時にはできるだけ早く会社が現金で受け取れる「取引条件」にすることが求められます。

例：スーパーの買い物など
　　代金引換（商品と現金を同時に交換）

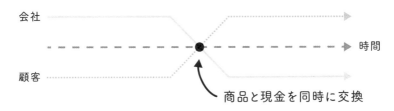

商品と現金を同時に交換

例：フィットネスクラブなど
　　代金前払い（顧客が現金を前払い）

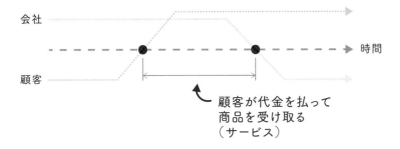

顧客が代金を払って
商品を受け取る
（サービス）

例：企業間の大型取引
　　末締翌月末手形

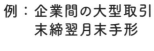

手形を受け取っても
指定期間は現金化できない

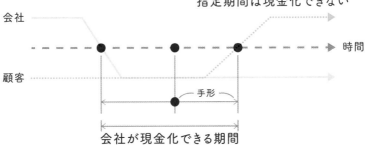

83

顧客から
値引き依頼がきたら？

　十分な利益が得られるブルーオーシャンの商品やサービスを扱っていれば無縁の話ですが、ほとんどの営業パーソンは競合との"相見積"の末、最終的な商談の詰めの段階でネゴ（値引き依頼）をされ、ほぼ顧客の提示した価格の値引きを受け入れるという経験をしているのではないでしょうか？

　「受注額」については**営業成果に直結する数字**なので日々気にしていることと思いますが、「値引き」した額について振り返って考え直すということはあまりしないでしょう（値引きが大きいほど値引きの件は早く忘れたいという心境になります）。

　ここで、値引きした額と同額を補填した場合を考えてみましょう。
　例えば、粗利率30％、売価100万円、原価70万円このとき
　粗利30万円（＝売価－原価）
　顧客から買値90万円のネゴ（売価10%の値引き10万円）で商談成立
　粗利は20万円＝30万円－10万円

　「値引きした10万円」を別の商談で取り戻そうと考えた場合、あなたが**値引きを補填しなければならない次回の受注額は「10万円」ではない**ですよね。

　ですので、見積書の作成段階から営業側は「値引額」を想定しなければいけません。そのため、商談の段階で自社に優位な商談なのか、競合が存在する商談なのかの情報収集をしっかり行い、**値引額を想定**しておきましょう。私が商談の最終段階で値引額を想定する場合は、受注した場合と失注した場合の両方を考えて"どちらの場合でも後悔をしない価格"を顧客へ提示します。

売価 100 万円
原価 70 万円 の製品について

顧客に 10 万円の値引きをして、90 万円で受注したとする

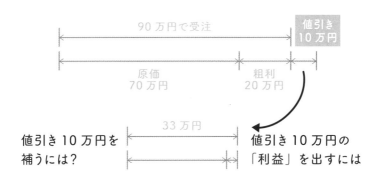

値引き 10 万円を補う受注は「10 万円」ではなく
「33 万円」の受注が必要です。

自社の製品・サービスを
分析しよう

　自己を客観視して行動することが大事なように、営業で扱う製品
やサービスについても顧客や他社（競合を含む）からどう見られて
いるかという、**商品の客観視**が同様に大事になります。営業パーソ
ンは自社商品が一番と思い込み、ついひとりよがりな営業をしがち
ですが、顧客に最良を提供する立場で考えると、商品の客観視は必
至です。

　"商品の客観視化"をする手法はPPM分析 ＊ と呼ばれます。右図の
ように、「市場成長率」「市場占有率」を軸にして、4つに分けられ
た項目のいずれかに商品を当てはめ、それぞれの商品の相対的な位
置関係を可視化します。4つの区分は「花形」「金のなる木」「問題
児」「負け犬」と名称がつけられています。

　例えば、競合製品と自社製品の相対的な位置関係が「競合は"花
形"」「自社は"問題児"」の場合、営業パーソンはその商品について
は"金のなる木"にならないまでも、少なくとも、競合のいる"花形"
に自社製品を市場占有できる可能性があると言えるため、市場を占
有（浸食）する作戦や方針で活動していきます。

　また、逆に「自社は金のなる木」の場合は、競合に市場を奪われ
ないように、既存客との関係を日頃から密にとる対策と方針が営業
パーソンに自ずと求められます。

　このように、**自社商品の位置づけ次第で、営業パーソンの活動の
仕方は変わってくる**ので、商品を客観視化する**PPM分析は非常に
有効な手法**となります。

＊ PPM分析は既存市場や競合対策には有効ですが、新市場やイノベーションを起こす分野の使用に
　は不向きです。

PPM分析の４象限

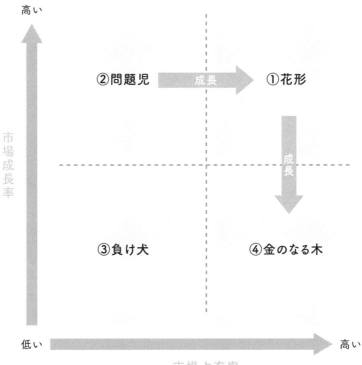

		営業方針
①花形	売上を伸ばしやすい ＝現状維持が好ましい	⇨ 関係密
②問題児	成長の見込みがある ＝投資・育成に注力すべき	⇨ 拡販活動
③負け犬	収益を生み出せない ＝早期撤退・売却が好ましい	⇨ 拡販活動
④金のなる木	多くの収益を生む ＝競争が起きにくく積極的な投資は 不要	⇨ 関係密

分析ができたら
作戦を練ろう

前項のPPM分析で自社商品の「占有率」と「成長率」における立ち位置を把握したら、次は効果的な販売をするための作戦を練るために、個々の商品ごとに特徴をできるだけ挙げてみましょう。

書き出した自社製品の特長は右図のような4段階評価のグラフにして、そこに他社（競合）の評価を足して比べてみてください*。

右図（上）は「3Dスキャナー」で、右図（下）は、理容業界の戦略キャンバスです。対象が「製品」だけではなく、「事業」や「無形のサービス」でも対応可能です。どちらの戦略キャンバスも、自社と他社の優劣をはっきりと捉えることができるでしょう。

作戦立案例として、PPM分析で他社が占有率の高い「花形」や「金のなる木」にあり、自社の製品が占有率の低い「問題児」や「負け犬」に属していた場合は「自社の占有率を上げる」ことを注視します。そして戦略キャンバスにおいて**自社が他社より優れている箇所に特化して営業活動を行い占有率を高めていきます。**

上記の作戦立案は、既に他社（競合）が存在する市場を侵食して占有率を高めていく点で「レッドオーシャン」市場の中にあります。営業活動の理想は「ブルーオーシャン」市場ですが、もちろん一朝一夕では叶いません。

＊戦略キャンバスと呼ばれます。他社のものにおいて不明な項目は4段階中の中間にマークし、営業
活動でその項目箇所の情報収集をしていきましょう

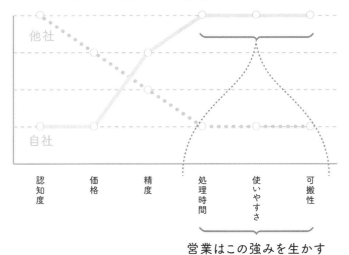

3D スキャナーの戦略キャンバス

凡例: ── 自社 ／ ⋯⋯ 他社

他社

自社

認知度　価格　精度　処理時間　使いやすさ　可搬性

営業はこの強みを生かす

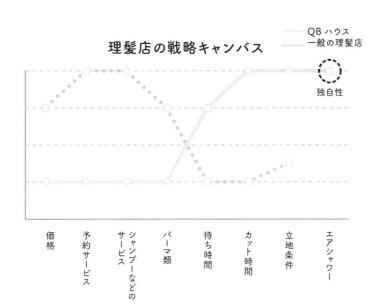

理髪店の戦略キャンバス

凡例: ── QBハウス ／ ⋯⋯ 一般の理髪店

独自性

価格　予約サービス　シャンプーなどのサービス　パーマ類　待ち時間　カット時間　立地条件　エアシャワー

作戦って
どうやって立てるの？

　販売の"作戦"を立てるにしても、何から手をつけたら良いのかと迷う方も多いのではないでしょうか？　作戦を立てる一つの方法に**「STP」**と呼ばれる便利な骨組み（フレームワーク）の活用法があります。

　「STP」とは、効果的に市場を開拓するためのマーケティング手法で、自社が、どのような顧客に対して、どのような価値を提供するのかを明確にするために要素で市場を区切ります。要素は「S：セグメンテーション」「T：ターゲティング」「P：ポジショニング」の3つでそれぞれの頭文字をとって「STP」と呼ばれます。

　「新製品の販売」の作戦を立てることを例に見ていきましょう

S: セグメンテーション

顧客のニーズごとに"業界"や"年代層"などの切り口によって"細分化"します。

T：ターゲティング

上記で細分化された層のそれぞれについて、自社の競争優位性を生み出す可能性が最も高い箇所を見つけ、アプローチを仮定（ターゲットと）します。

P:ポジショニング

ターゲット客にアプローチした場合、競合他社と自社の位置関係がどのようになるかを考えます。

　あまり効果がないような想定結果ならば、SやTに戻って再考します。

	名	意味	業務遂行者	セールス・イネーブルメント上の呼び名
S	セグメンテーション Segmentation	市場において、顧客のニーズごとにグループ化し、市場を細分化すること	マーケッター	MA
T	ターゲティング Targeting	市場を細かく区切った結果、自社の競争優位性を生み出す可能性が高い市場を定義すること	営業	SFA
P	ポジショニング Positioning	競合他社との関係を検討しつつ、自社の価値づけを考える	バイヤー（購買・調達）	CRM

大企業はS、T、Pの役割がそれぞれ異なるケースがありますが、大抵の企業は一人で作戦を練り、その作戦を実践し、営業をこなしています。

顧客はどんな理由で
購入を決めるの？

　例えば価格が同じ製品AとBを比較して製品Bの購入をした場合、その顧客がそうした理由は何でしょうか？　「ブランド」「価格」「デザイン」「性能」など、いろいろな要因が考えられますが、共通して言えることは、**顧客の購入理由は「得をするから」**です。

　「ブランド」は劣っているが「価格が手頃」で手に入れることができれば「得」ですし、「デザイン」は少々趣味に合わなくても、欲しかった「ブランド品」ということであれば「得」を感じることでしょう。

　工業系部品販売のBtoB営業をしている私も、新商品や新規購入のPRをする際、必ず顧客から「あなたの製品は私たちに何の"得"を提供できるのですか？」という旨の質問がありますが、取引額が比較的大きいBtoBでは、顧客に提供できる"得"を「費用対効果」で返答しなければなりません

　「費用対効果」とは、"ある施策に費やしたコスト（費用）に対して、どれくらいの効果を得られたのか（得られるのか）"を意味します。

　従って、製品をPRする段階において「費用対効果」は、実際に使用した場合の効果を"予測"して算出しなければなりません。営業パーソンは、顧客のいろいろな条件を想定し、いくつかのプランと「費用対効果」を提供することで、**顧客の購買意欲を刺激**することにつながります。

トレーニングジムの費用対効果

ブルーオーシャンと
レッドオーシャンって？

　現役の営業パーソンは業務の中で、「**レッドオーシャン**」と「**ブ
ルーオーシャン**」について聞いたことがあるのではないでしょう
か？　競争戦略や市場戦略の概念で、「レッドオーシャン」は、既
存の市場や産業における競争の激しい状況を指し、一方、「ブルー
オーシャン」は、未開拓の市場や産業、または既存の市場の中で競
争のない領域を指します。

　営業パーソンにとって、もちろん「ブルーオーシャン」の営業が
できることは望ましいことですが、"ブルーオーシャン戦略の策定
は上司や経営者の仕事でしょ？"と、営業には無関係と思ってはい
ませんか？

　「ブルーオーシャン戦略」の策定8原則（右下表）で示すように、
上司や経営者に策定責任と決定権はあるかもしれませんが、**策定条
件の情報の源は市場、顧客、競合を誰よりも熟知している営業パー
ソンの情報**になります。

　特に経営者などが"策定の原則"を遂行するに当たって利用する営
業パーソンの情報は、漫然と営業活動をしている人と、戦略を意識
して営業活動をしている人とでは、市場同行や顧客の傾向などの捉
え方が大きく異なってくるので、注意が必要になります。

　また、反対に経営者側に「ブルーオーシャン戦略」の意識がなか
ったとしても、営業がこの意識を持って活動をしていけば、ボトム
アップで、**経営者側の意識をブルーオーシャン戦略思考へ変える**こ
とができます。

レッドオーシャン の戦略		ブルーオーシャン の戦略
血で血を洗うような 競争の海	←イメージ→	競争のない 穏やかな青い海
競合他社で あふれかえった市場	←市場→	競合が存在しない市場 （新しい・まだ存在しない）
既存市場で競合に勝ち、 需要を獲得 （想定収益より減る傾向）	←収益方法→	顧客に新しい価値を提供し、 需要を創り出す （収益・値付けしやすい、 プライスリーダー）
競合他社との比較	←価値基準→	市場ニーズ次第で 自主的に決定できる
決められた市場の中で 奪い合い	←拡販→	新市場の開拓・創造
小	←価値・コスト→	大
常に差別化、 低コストを念頭	←戦略立案→	サービスの改善と さらなる新市場の検討

ブルーオーシャン戦略　8原則

策定の原則
- ・市場の境界を引き直す
- ・細かい数字は忘れ、森を見る
- ・新たな需要を掘り起こす
- ・正しい順序で戦略を考える

実行の原則
- ・組織面のハードルを乗り越える
- ・実行を見据えて戦略を立てる
- ・価値提案、利益提案、人材提案を整合させる
- ・ブルーオーシャン戦略を刷新する

どうしたら
ブルーオーシャンに行けるの？

　「ブルーオーシャン戦略」の意識で営業活動するにはどうすれば
いいでしょうか？

　それはターゲットとして想定した顧客に対し、自社の扱う製品や
サービスの「足す」「引く」「増やす」「減らす」場合の顧客の反応
を統計的に観察していくことです。

　例えば、P89で例に挙げた理容業界でブルーオーシャンにいる
（QBハウス）の場合、店舗を出す前に「多忙なビジネスパーソン向
けの手軽な散髪」を想定し、既存の散髪屋に「足す」「引く」「増や
す」「減らす」の反応を統計的に観察すると次のようになったでし
ょう。

対象顧客（ターゲット）：ビジネスパーソン
「増やす」器具：ハサミ、くし、消毒する機械
「減らす」時間：会話、散髪時間（シャンプー、髭剃りなど）
「付け加える」仕組み：掃除機（髪の毛）、待ち時間信号
「取り除く」サービス：洗面台、シャワー、パーマ機、洗濯機 etc
手軽な「短時間、低価格、利便性」は客層がビジネスパーソンのみ
ならず学生へとシナジー効果（相乗効果）をもたらします。

　このように、**営業パーソンが「ブルーオーシャン戦略」の意識を
持つ**ことで、会社全体が「ブルーオーシャン市場」の位置につくこ
とができます。

　「ブルーオーシャンとレッドオーシャン」に関する書籍は様々あ
りますのでこれ以上の詳細な説明は割愛しますが、営業パーソンと
して「ブルーオーシャン」の営業を実現させましょう。

コスト

バリュー
イノベーション

顧客のニーズと価値

低コストで差別化するためには?

取り除く	増やす
・シャンプーなどの洗髪 ・パーマ、カラーリングなどデザインするもの	・ハサミ、くしなど備品を消毒する機械
減らす	付け加える
・会話 ・一般的に行われること	・髪の毛を吸い取る掃除機

営業がする業務は
何があるの？

　営業の業務プロセスは、右の10段階に分けることができます。そしてこのプロセスは、一様な時間配分で業務をこなすのではなく、費やすべき時間の項目と省くべき時間の項目を意識しながら**メリハリをつけて業務を行う**ことが業務効率化につながります。

　営業パーソンにとって費やすべき時間は、顧客との面談時間に通じる項目４～８が重要です（第５章で詳しく紹介します）。

　それぞれの業務効率化手法（MA、SFA、CRM）は、10種類の業務プロセスに右図のように対応します。営業の動きの具体例を挙げてみてみましょう。

MA：（市場調査からニーズ確認の段階）／営業パーソンが営業活動するために行う最初の行動は“顧客を探す”ところから始まります。蓄積されるMAのデータベースから顧客情報を検索・入手（連絡先や所在地）します。

SFA：（アプローチから納品までの段階）／MAで入手した客先情報から、実際に顧客へアプローチします。面談のプレゼンを顧客にしたい場合は、電話かメールでの問い合わせになるでしょう。面談の結果は必ず日報としてSFAに登録をしましょう（以降この情報は会社の財産になります）。

CRM：（次のアプローチ・顧客フォローの段階）／受注して納品したら「はい、おしまい」では営業は成り立ちません。むしろここからがスタートで、顧客との末永いお付き合いのはじまりです。そして、受注から納品までの成功体験を基に、同業同種の新規顧客へのアプローチの準備をし、再びMAへと戻り、業務は循環します。

営業プロセスの10段階	業務効率化手法
1. 市場調査 2. 見込み客発掘 3. ニーズの確認	MA
4. アプローチ・アポイント 5. 面談プレゼン 6. 質疑・検討（実商談） 7. クロージング（契約・受注） 8. 納品（立会）	SFA
9. 次のアプローチへの準備 10. 顧客のフォロー	CRM

効率のいい
営業の進め方は？

　10種類の営業業務プロセスを実行するに当たり、一番効率が良いのは、10種それぞれの業務を手当たり次第に行うのではなく、一つ一つの業務過程について、時間や期間を区切って集中的に行っていくということです。

　営業業務を農業の収穫サイクルに例えると右図になります。

種蒔期：1．市場調査　　2．見込み客発掘　　3．ニーズ確認
栽培期：4．アプローチ　　5．面談プレゼン　　6．質疑検討
収穫期：7．クロージング　　8．納品・提供
休耕期：9．次のアプローチ　　10.既存客のフォロー

　豊作・不作は、栽培期の状態で左右される重要な時期ですが、営業パーソンにとってもまた、この時期に当たる**「アプローチ、面談プレゼン、質疑検討」の時期が業務の中で最も重要**と言えます。

　大抵の営業パーソンは複数の顧客を持ち、それぞれの顧客の商談の進捗段階は必ずしも一緒になることはないですが、営業パーソンが、アプローチや、顧客フォローといった能動的に活動をする場合は、ある程度業務を絞って活動すべきです。

　また、各時期の活動タイミングについても、顧客の状況を想定して行うべきです。例えば月末に生産者に「新規アプローチ」をすると「多忙で面会の時間が作れない」との返答が多くなります。これは通常生産現場では「月ごと」の生産計画で活動していることにより、比較的月末に仕事が集中して忙しくなるからです。

　栽培期の時間を最大に作れるタイミングを見つけて営業活動を行っていきましょう。

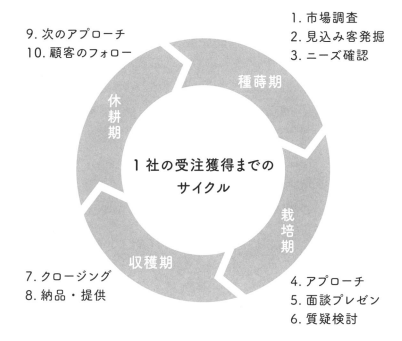

9. 次のアプローチ
10. 顧客のフォロー

1. 市場調査
2. 見込み客発掘
3. ニーズ確認

休耕期

種蒔期

1 社の受注獲得までの
サイクル

栽培期

収穫期

7. クロージング
8. 納品・提供

4. アプローチ
5. 面談プレゼン
6. 質疑検討

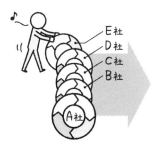

E社
D社
C社
B社
A社

理想的な業務サイクル
（複数の会社の作業時期が同じ）

非効率的な業務サイクル
（作業時期がまちまち）

営業は時代の変遷を知っておこう

　産業革命は、産業の変革とそれに伴う社会の変革で、1700年代の水力や蒸気機関の機械的設備の第一次産業革命以来、改善、効率化が急速に進み、第四次産業革命に至っています。

　生産構造が変われば、生産品を"販売"する営業活動にも当然のことながら変革がもたらされてきました。

　第一次と第二次産業革命期は、人々に製品を行きわたらせるために「少品種の大量生産」が重視された、生産量と利益が比例した時期と言えます。この時期の営業パーソンは、いかに大量を捌くかの営業でした。

　1970年代以降の第三次産業革命は「薄利多売」の時代で、同じ業界の中にいる競合に勝ち抜くために、いかに生産効率を上げ、価格を下げて購買量を増やす（もしくは維持する）かという時代で、この時期から営業パーソンのスキルは企業にとって重要な要素になってきます。

　現在の第四次産業革命は、より複雑な作業を自動化することができた企業が薄利多売のレッドオーシャンから抜け出して生き残る時代になりました。

　企業が、顧客のニーズの多様化と流行の変遷に対応していくためには、これにマッチする情報を常に収集し、常にこれに**対応する変化が求められる**ようになりましたが、営業パーソンがこの大事な流れをつくる役割を担うようになってきています。

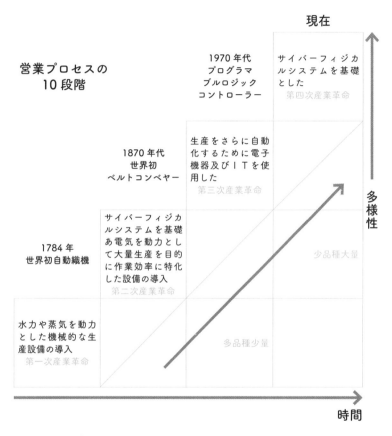

営業プロセスの
10段階

現在

| | 1870年代
世界初
ベルトコンベヤー | 1970年代
プログラマ
ブルロジック
コントローラー | サイバーフィジカ
ルシステムを基礎
とした
第四次産業革命 |

生産をさらに自動
化するために電子
機器及びITを使
用した
第三次産業革命

サイバーフィジカ
ルシステムを基礎
あ電気を動力とし
て大量生産を目的
に作業効率に特化
した設備の導入
第二次産業革命

少品種大量

多様性

1784年
世界初自動織機

水力や蒸気を動力
とした機械的な生
産設備の導入
第一次産業革命

多品種少量

時間

出典：acatech『The four stages of the Industrial Revolution』

営業パーソンは
「生産」の性質の変化や顧客のニーズの変化に伴い
営業方法の適応をしていく

1回訪問したら
終わりでいいの？

「ウェブ面談の進化」により、今では「営業は足で稼ぐ」の言葉はあまり聞かれなくなりました。この意味はつまるところできるだけ"顧客との時間を増やす"という意味で捉えることができます。この場合「ウェブ面談」も「足で稼ぐ」も本質的には「顧客との時間を増やす」ことと考えていいでしょう。

では、なぜ「顧客との時間」を多くしなければいけないのでしょうか？　それは顧客が**製品を選定する際、その会社を代表する「営業パーソン」を値踏みする***からです（「営業パーソン」が不要な場合はEC化で十分です）。

さて、顧客とどのようにすれば親しく（時間を多く）することができるのでしょうか？　私は必ず顧客に「3回以上」の対面訪問を実践していますが、ほぼ全ての方は3回目以上の面談時は「親しく」対応していただけます。

上記の「3回訪問する」は**「ザイアンス効果（単純接触効果）」**と呼ばれるれっきとした心理的現象で「顧客（対面者）は初めのうちは営業パーソンに"警戒心"を抱き、面談を繰り返すうちに興味を持ち、次第に好きになる」というものです。

ただし、気をつけなければならない点が3つあります。

1．初対面の印象が悪いと逆効果になる
2．期間が空くと効果が薄くなる
3．面会数が多すぎても（しつこい）効果が薄く、逆効果

上記3点に気を配り　営業活動をしていきましょう。

---

　*顧客が営業パーソンを値踏みするのは、競合する製品だった場合、最終的には「製品」というより、
担当する「営業パーソン」の人柄で決めるからです。

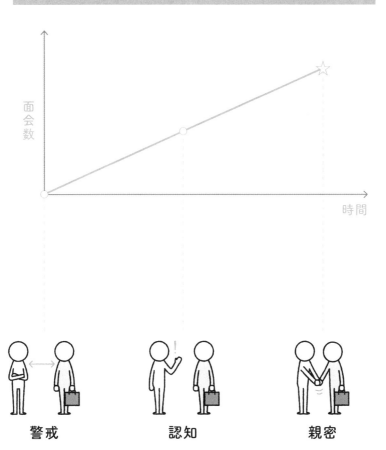

面会数と親密度の関係

面会数

時間

警戒　　　　　　認知　　　　　　親密

しつこい質問は顧客に嫌がられる？

　工場で「KY活動」は、「危険・予知」の頭文字をとっていますが、世間一般で使われる「KY」という言葉は「空気が読めない（人）」という意味で使われます。例えば「彼はあの場であんな酷い質問をするなんてKYだね」といった具合です。また、「KY」に似たような言葉は、「忖度しない」があてはまるのではないでしょうか？

　日本は諸外国と比較して、単一民族国家で、その歴史が長い故に「言わなくても、それぐらいは察することができるでしょ」のような、**態度やしぐさ、全体の様子や雰囲気でコミュニケーションをとる文化**が根付き「KY」「忖度」などの言葉が生まれたのでしょう。これを**「ハイコンテクスト文化」**と呼びます。

　一方「ハイコンテクスト文化」に対して、欧米などは「ローコンテクスト文化」に属します。習慣が異なる多民族の国家では「しっかりと言葉（のみ）に頼って」コミュニケーションをとる文化です。ビジネスの世界の場合、日本は「ハイコンテクスト文化」だからと言って、決して「ハイコンテクスト文化」で商談を進めてはならないことはおわかりになるでしょう。

　よく商談を進めていく上で「『言った、言わない』にならないように書面で残してください」と言われるのも、言葉での念押しがないことの表れでしょう。

　若い頃の私は「念押しの確認」をするとき、顧客から“しつこい”と思われるのではないかといつも躊躇していましたが、日本人特有の「ハイコンテクスト文化」がそのような思いにさせていたことに最近気づきました。今では“しつこく”**「念押しの確認」**をすることは顧客の信用を勝ち取り、後のトラブルをなくすと自信を持って言えます。

コミュニケーションスタイル

ローコンテクスト文化	ハイコンテクスト文化
厳密、シンプル、明確	繊細、暗示的、多層的
額面通りの受け答え	行間（暗示的、比喩的）に伝え、行間を読む
言葉に重点	言葉とアイコンタクト等のボディランゲージ
アメリカ、オーストラリア、カナダ等	日本、イラン、中国等

出典：『異文化理解力』 エリンメイヤー

107

言いにくいことも
はっきり言ったほうがいい？

　前項でご紹介した通り、商談はローコンテクストで行わなければいけません。私は時々、海外の方と営業の同行訪問をすることがありますが、海外の方のほうがローコンテクスト文化が根付いているように感じます。

　KY（空気が読めない）というような表現は、言葉以外の態度や雰囲気を察知できないことを言いますが、**日本の特徴であるハイコンテクスト文化**から発生した言葉でしょう。

　さて、ハイコンテクスト文化の日本で、なぜビジネスの場はローコンテクスト文化で打合せをしなければいけないのでしょうか？それは顧客の意図を100％捉える必要があり、ハイコンテクストには"推測"が入ってしまうからです。

　右の絵は、日々の打合せと納品までのイメージです。全ての確認事項について、顧客の意図をつかみ、時には、できないことは「それについてはできません」とはっきり伝え、お互い納得して、全てにおいて確認済ならば、納品後は顧客と互いに満足した商談結果になります。

　一方、ひとつでも「顧客の考えは〇〇だろう」と、はっきりとした回答を得られないまま推測で打合せを進め納品をした場合、その箇所から早々に商談結果が"ほころびて"この対応に予想以上の時間を費やしてしまう結果となります。商談・打合せは、"推測"が入り込まない、**ローコンテクストの言葉**できっちり進めていきましょう。

１つの確認不足からほころびる

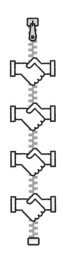

Good Case

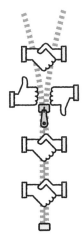

Bad Case

PDCAサイクルってなに？

営業に「楽しさ」を感じるときは、囲碁や将棋をしているような感覚になるときです。囲碁将棋の「心理を読み、戦略、作戦、戦術を立て、次の一手を打つ」様は、営業パーソンの顧客に対する営業活動と全く同じではありませんか。

さて、ここで囲碁や将棋に馴染みがないという方にとっては「戦略」などと言われてもあまりピンと来ないでしょう。では、ビジネスにおける戦略とはなんのことでしょうか。「戦略」を含むビジネスの業務サイクル、PDCAをご紹介します。

P（Plan）とは戦略を意味しており、企業が進むべき方向を具体的に示します。誰が見ても分かりやすいように、数字や5W1Hを使いましょう。

D（Do）とは実行を意味しており、Pで立てたプランを実行します。

C（Check）とは評価を意味しており、プラン通りに実行できたかを検証してまとめます。

A（Action）とは改善を意味しており、Cでまとめた検証結果を基に次のサイクルに向けた改善点を検討、決定していきます。

新人の頃は、戦略を持たずにがむしゃらに営業活動をしても良いでしょう。そのほうが失敗や成功の経験、営業知識や製品知識などが、乾いたスポンジが水を吸うように急速に入っていきますが、それは長くは続きませんし、ある時期を境に、「疲弊多く益少なし」の状態になることは必至です。

ですから、**PDCA（戦略、実行、評価、改善）を回すクセ**は早々に身につけるようにしましょう。

PDCA サイクルの一例

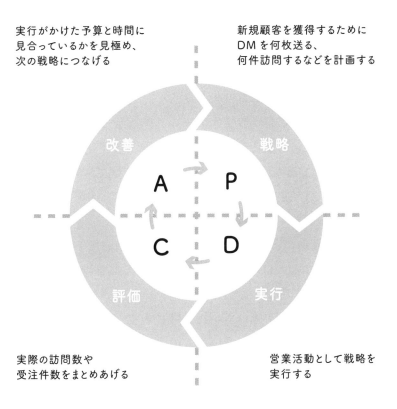

実行がかけた予算と時間に
見合っているかを見極め、
次の戦略につなげる

新規顧客を獲得するために
DM を何枚送る、
何件訪問するなどを計画する

改善　戦略

A　P

C　D

評価　実行

実際の訪問数や
受注件数をまとめあげる

営業活動として戦略を
実行する

「押し売り」みたいで
嫌がられない？

　製品を販売する営業の方で、初回アプローチをする際、心のどこかで顧客に対し「押し売り」をしている感覚になる人がいるのではないでしょうか？　私が新人の頃、「営業」を「押し売りしている」と感じながら活動していたからです。

　この「押し売り感覚」から抜け出せたのは、「齋藤さんの営業した製品のお陰で生産性が飛躍的に上がったよ」と顧客からのお褒めの言葉をいただいたときです。これがきっかけで私は自分の営業を「押し売り」の引け目ではなく、「顧客の役に立つ活動をしている」という自信を持つようになりました。

　このとき以来、顧客への初回アプローチも楽しくなってきたのですが、それは上記の成功事例があったからというより私自身の言葉と気持ちが「（顧客の）お役に立てる製品をPRしたい」という内容に変わったからです。顧客にこのように接すると、何か頼られている気持ちになりますます**営業活動が楽しく**なっていきました。

　「返報性の原理」とは、"相手からある行動や態度を示されたときに、それを受けた人は同様のお返しをしたくなる現象"ですが、新人の頃の私と、顧客からお褒めの言葉をいただいた以降の私はまさに「返報性の原理」が働いていたと感じます。

　自分のことしか考えられない新人の頃、顧客は「自分の売上のことばかりで買ってやらん」と思っていたことでしょう。「顧客の役に立てれば」の気持ちで顧客に接すると、顧客も「何か役に立つ情報を提供しよう」という気持ちで返してきました。

　営業は社会を回す原動力のようなものです。みなさんも営業を押し売りのような目ではなく、**「社会の役に立つ」仕事と自負をしながら**営業活動をしていきましょう。

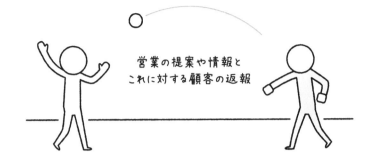

営業の提案や情報と
これに対する顧客の返報

返報性の原理は4種類

1. 好意の返報性
   こちらが好意を見せれば相手もこちらに好意を示してくれる

2. 敵意の返報性
   こちらが敵意を見せれば相手も敵意を見せる

3. 譲歩の返報性
   こちらが相手に譲歩すれば、相手もこちらに譲歩してくれる

4. 自己開示の返報性
   こちらが自己開示をしたら相手も同程度の自己開示をしてくれる

あれもこれも、
返報性の原理

　これこそまさに「返報性の原理」と感じた海外のニュースを紹介します。

　アメリカ、ミネソタ州での出来事です。とある男性が、ドライブスルーで自身の食事を買ったあと、後ろに続く（いたかどうかは不明）見ず知らずの客の食事代を支払ったことを発端に善意の**連鎖が3日間続き**、その数900台を超えました。

　店側は、この連鎖のお陰で売上が1万ドルにもなったとのことです。これは、客同士に「返報性の原理」が働いた例で、客と客のウィンウィンに加え店側も得をしたウィンウィンウィンの好例とも言えるでしょう。商売に限らず、**人は善意を受ければ善意を返したくなる**ものなんだ、と思う私の大好きなエピソードです。

　私も"返報性の原理"を感じたことがあります。それは顧客に定期的な訪問を繰り返していた私が1年後にようやく受注につながったときのこと、顧客担当者が「齋藤さんは最初のころ、あまり私たちに関係がない商品を紹介していましたが、その後も熱心に私たちの意を汲んで、いろいろな商品を紹介してくれて『いつか齋藤さんの紹介する商品を購入しよう』という気持ちになっていたんですよ。」とのコメントをしてくれたことです。

　さて「返報性の原理」について、もう少し詳しく知っておかなければならないのは、前述のように「"善意"を受ければ"善意"を返したくなる」とは逆に、「"敵意"を見せれば相手も"敵意"を見せる」です。心は態度に表れますので、顧客に対する営業は心から**「顧客に役立ち、奉仕する営業」**を心がけましょう。

ドライブスルーで起きた「返報性の原理」

ほかにも「試食を食べたからつい買ってしまった」という例や「SNSでいいねをもらったから返してあげたくなった」というのも日常でよく見かける返報性の原理です。

どうやったら 顧客に覚えてもらえる？

エビングハウスの忘却曲線は、「人が一度記憶したことを再度記憶するのに、時間をどれだけ短縮できるか」を表す曲線です。これは新規客を獲得する場合、顧客へのアプローチは長期に間隔を空けたり、不定期だったりするよりも、ある程度**短期間かつ定期的に訪問する営業パーソンのほうが業績を上げる**と説明をすることができます。

右図の実線は、定期的に訪問する営業パーソンのもので顧客はほぼ100％近く記憶に残ることを表しています。一方点線は、期間を空けて訪問する営業パーソンのもので、時間と共に記憶が薄れ、再び訪問して過去を思い出しますが、あまり記憶に残らないといった具合です。

前述の「ザイアンス効果（3回会えば親近感を持つ）」とシンクロするのは、記憶の定着は、営業パーソンに対する親近感の度合と言い換えることができるでしょう。

従って、折角初回訪問した顧客には、あまり間隔を空けずに2回目の訪問をしましょう。定期的な訪問や面会をする準備がなく中途半端な営業活動が予想されるようであれば、定期的訪問ができる体制になるまでタイミングを待ちましょう。**中途半端な訪問は中途半端な結果にしかなりません。**

営業は新規顧客の獲得のために日々アプローチを試みていますが、今一度「この顧客は継続して、定期的に訪問できる顧客だろうか？」と自問してみてください。突発的な遠方の出張の飛び込み営業だったり、営業範囲やルートから逸脱しているような顧客だったりする場合は、継続的かつ定期的に訪問ができる計画を立ててアプローチをしていきましょう。

顧客の記憶定着率

エビングハウスの忘却曲線

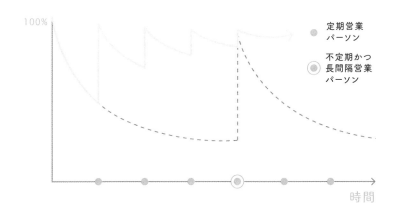

最初から
大規模な受注を狙う？

　継続して成績を上げる営業パーソンは、"定期的に継続的な"顧客のアプローチを心がけ、顧客の信用と信頼を得ています。

　継続して実績を上げる営業パーソンの売上実績のイメージを右上図に示しました。特に大規模な受注に至るケースの場合、顧客は"試験的に"小さい注文や用事の依頼から入り、次第に規模が大きくなっていきます。

　不定期の訪問の場合、顧客は「思い出す」作業から入って受注の検討まで至らず、その繰り返しです。右中図に前項の忘却曲線を示して、上と中間の図を掛け合わせると、下段の図のようになります。

　「受注＝成果」として考えると、不定期な訪問を繰り返す営業パーソンは、**毎回顧客は「思い出す」から入り「購入検討」へ移行しない**ので、いつまで経っても成果は"ゼロ"のままです。従って、ゼロをいくら掛け合わせても"ゼロ"ですので、定期訪問の営業パーソンと不定期な訪問の営業パーソンとでは時間の経過と共に大きな差ができることを下段の図は示しています。

　これに加えて、顧客へのアプローチを振り子のようにタイミングよく行っていけば、業績がみるみる上がっていくことは間違いありません。

　新規顧客があなたに大きな額の注文をする場合の兆候は、まず少額な注文をあなたにします。あなたはその注文を"きっちり"対応しなければなりません。なぜなら顧客は、この"少額な注文"で、あなたという人物を試しているからです。

受注実績

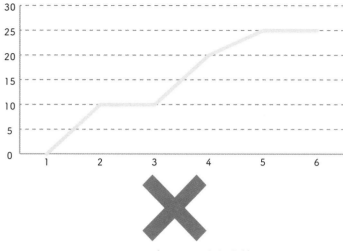

エビングハウスの忘却曲線

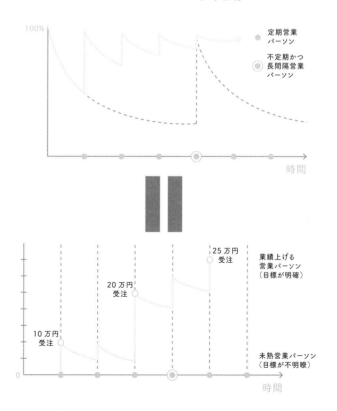

報・連・相は超重要！

　会社はもちろんのこと、顧客から信頼を得るのに必要なことは、報連相をキッチリ行うことです。以下の例で示す言葉の背景を思い浮かべていただければ、報連相のいずれも欠かしてはならないことがおわかりになるでしょう。

顧客に対して……

報告：「製品に不良が発生し納期が遅れそうです」

連絡：「明日は工場が休みなので本日中に対策案をご連絡します」

相談：「納期を遅らせることは可能でしょうか？　代替品でいいですか？」

　といった具合です。報連相のどの要素も重要です。特に上記のように緊急を要するときは言うまでもなく、またタイミングによっては「電話がつながらない」とか「担当がつかまらない」などがあるかもしれませんが、あらかじめ緊急連絡先は３箇所ほど顧客と取り決めておくことが必要です。

　社内についても当然、報連相は不可欠ですが、例えば上司への報連相の場合、四六時中、上司があなたの側にいるわけではないので（あまり緊急を要さない報連相は）一時的に欠けて物事が進行するケースがあります。そのような場合は"事後報告（連絡）"として、簡単にメールやメモを残しておかなければなりません。

　報連相のいずれかが欠けた状態で進んでいく物事は、進展していけばいくほど（欠けた報連相のフィードバックが遅くなればなるほど）**問題が発生したときのダメージは大きく**なりますので肝に銘じておきましょう。

報連相はビジネス成功への秘訣

上司へ報告「1億円の受注取れました」
上司「よくやった！　おめでとー！」

相談・連絡を怠った場合
上司「うちの技術じゃ無理だよ！　会社潰す気か！」

上司へ連絡
「興味を持ってもらいました見積書を作成します」

連絡を怠った場合
上司「うちでは作れなそうだね、
　　　信用を失うけどキャンセルしよう」

報連相を怠ったときのネガティブなエネルギー

道中は報・連・相の連続

上司へ相談
「顧客から製品の問い合わせがありました、
　担当させてください」
上司「ん、進めて逐一報連相を頼んだよ」
（相談は怠っても進展できる可能性がある）

第 4 章

営業テクニック

営業は第一印象が
大事って本当？

　世間で「見た目よりも中身が大事」とよく言われますが、営業パーソンには当てはまりません。「身だしなみ、動作、態度、姿勢、表情、視線」の **"見た目"は絶対に細心の注意を払いましょう。**

　いくらあなたの紹介するサービスや商品が良かったとしても、"購入を判断する顧客が"あなたに嫌悪感を覚えた場合、あなたから購入をしないでしょう。非常に損な話だと思いませんか？

　「第一印象の大切さ」は「初頭効果」で説明できます。

　初頭効果とは、**一番初めに得た情報に強い影響を受けやすい**という心理的な傾向のことです。初めて訪問したときの身だしなみや表情、話し方といった第一印象が、あなたのイメージとして顧客の記憶に強く残ります。

　また、「メラビアンの法則」という心理法則もご紹介します。コミュニケーションにおいて言語・聴覚・視覚から受け取る情報に矛盾があった際、相手に影響を与える割合を数値で示した心理法則で、その結果は言語情報が7%、聴覚情報が38%、視覚情報が55%というものでした。どれだけすばらしい製品のプレゼンでも、営業パーソンの表情が暗かったり声が小さかったりすると、顧客にとってその製品は魅力的に見えません。

　ただし注意すべき点は、"身だしなみ"について、むやみに小奇麗なスーツとピカピカのビジネスシューズに身を包みなさいというわけではありません。例えば、工場の現場や自然豊かな屋外で商談の場合は、**適材適所の"身だしなみ"**にする必要があります

　ちなみに「メラビアンの法則」は約50年前の1971年に提唱され、別名「3Vの法則」、「7－38－55ルール」とも呼ばれます。これらの法則を知っているだけで、「身だしなみ」の習慣が身につきますね。

メラビアンの法則
（3Vの法則）

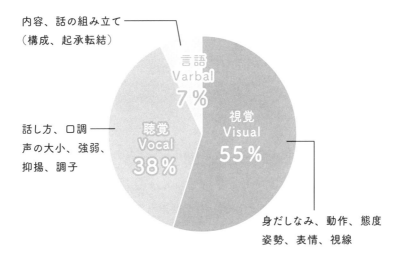

内容、話の組み立て
（構成、起承転結）

言語
Varbal
7%

話し方、口調
声の大小、強弱、
抑揚、調子

聴覚
Vocal
38%

視覚
Visual
55%

身だしなみ、動作、態度
姿勢、表情、視線

相手に感情を伝える場合、言語情報と非言語情報
に矛盾が生じるときにどの要素を優先するかという
問いに対して、上記の結果が得られた。

受注の望みが薄そうな
顧客はどうする？

　"新規客を獲得"するには一朝一夕にはいかず、"長期的"な計画が必要になります。しかし"長期的"とはいうものの、顧客の中には縁がない方も含まれますので、営業パーソンは無尽蔵にアプローチを繰り返すわけにもいきません。

　従って、営業パーソンは新規の見込客に対して、獲得を断念する「見切り」のタイミングを決めておく必要があります。

　例として、アプローチから見切りをつけるまでのタイミングを右図に示します。

　4月を活動開始としていますが、それぞれの区切りが良いタイミングで検討をしましょう。

1．顧客に印象付ける期間：初回訪問ができたら、そこから3〜4カ月毎に定期的な訪問を繰り返しましょう（P104参照）
2．間隔を空け定期連絡をする期間：3〜4か月の連絡から、1年間くらい間隔を空けて連絡をしましょう
3．見切りのタイミング：3年間の中で具体的商談に発展しないようであれば断念して「見切り」をつけましょう

　言い換えると、約3年間で新規客に発展しなければ新しいアプローチ客をその間に見つけなければならないということです。"期間で区切り"見切ることで、**営業活動のメリハリ**がつくことにもつながります。

訪問ペースの一例

●：顧客へのアプローチのタイミング

今期（年に 3 ～ 4 回繰り返しアプローチして印象付ける）

来期（印象付けられたら間隔を空ける）

再来期以降 1 年ごとの間隔（訪問、DM など）

この間の活動中に具体的な商談や取引に発展しなければ見切りを
つけることを決断する

秘訣：見切りの数字を決めておく

DMは何枚必要?

　実際にリードを獲得する段階において、**顧客に新商品のリリースを知ってもらう**必要があります。その手段としてeメール配信、FAXDM、メールDMなどがあります。

　ここで重要なことは、配信した母数と返信枚数の両方を把握する必要があるということです。

　営業パーソンが直接リードの獲得をする場合、その後はアプローチ、商談へと進むので獲得要因のeメールやDM配信の母数がないがしろにされやすいですし、リード獲得専門部署の場合は、営業パーソンへ返信された"リード"を営業パーソンへパスし、その後の商談進捗はフォローされないケースがあります。

　下記は過去に私が飲料業界向けにFAXDMを作成してリードを獲得した結果です。

①FAXDM　500件
②返信件数　100件
③デモ*実施件数　25件
④受注件数　5件

　上記のデータは非常に理想的なデータで、私の経験するFAXDMの中でも返信件数が(100件／500件)20％と非常に多いものですが、言い換えると「飲料業界の場合、FAXDM件数に対する受注確率は１％です」と言えます。

　このデータさえあれば、例えば飲料業界でも"同様な"傾向の有無の診断をすることができますし、同業界に対して更なる販促をする場合は、受注確率から必要なFAXDMの枚数を逆算することができ、**"受注予想"の根拠として活用**が可能になります。

＊スケールダウンした簡易試験

100万円の成約に必要なDM枚数

モノ・サービスの単価	@100万円	@10万円	@1万円
必要DM枚数	100件	1,000件	10,000件
見込み客 （何らかの返答）	10件	100件	1,000件
成約 （受注・契約）	1件	10件	100件

DM発送から見込み客の発掘まで、いつまで経っても返答が「ゼロ」のケースの場合、期限を決めてDMの方針を打ち切らなければならない。

安くてもいいから
受注件数を増やすべき？

　イメージしてください。あなたは万年筆を販売するBtoCの営業パーソンで、Aの万年筆／単価￥1,000と、Bの万年筆／単価￥10,000の２種類を取扱い、毎月の販売予算（ノルマ）は100万円だったとします。どちらを優先して顧客に勧めますか？

　もちろん、Bの単価￥10,000の万年筆を率先して販売するべきですよね。１日当たりの販売予算（営業日数は月20日として）は￥50,000なので、Bの万年筆は１日５本販売すれば日の予算は達成です。一方Aの万年筆は毎日50本を販売しなければ予算は達成しません。**必要とする労力の違い**を感じることができるでしょう。

　近代は、上記のように単価￥50,000を割るAとBの万年筆は、営業パーソンによる販売ではなくEC化されるべきですが、ここでは単価の大小に比例して、必要とする労力をイメージしてもらうために例として示しました。

　高単価の営業を推奨する理由は、少ない労力で済むことと、その処理に掛ける時間の短縮につながるからです。右図は、低単価と高単価の業務を図示化したものです。円周が業務時間で、面積が単価（価格）のイメージです。

　扱う物件が高額になる（円の面積が大きく）とこれに応じて処理する業務も多く（円周が長く）なりますが、低価格を販売して予算を達成するよりも業務時間（円周）は、はるかに少なくなります。

　あなたの会社にも高額品、お手頃品、廉価品などの種類を用意していることと思いますが、上記と同様に営業パーソンは**"高額品"を販売する営業活動**をしていきましょう。

単価が大きいと時短につながる理由

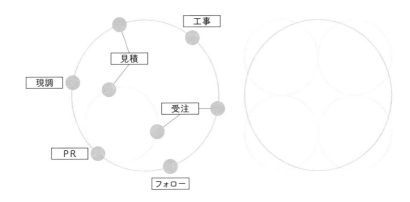

円の面積を受注額、円周を時間と考えてみてください。

1つの円の面積が大きくなるに従い円周も長くなりますが、大きい
円の面積をカバーする小さい円の円周の長さは、大きい円の円周
の長さよりもはるかに長くなります。

例：年間1億円のノルマを満たすために3300万円の製品を4台受注
そのとき、4台の円周は260
年間1億円のノルマを満たすために500万円の製品を20台受注
そのとき、20台の円周は504

秘訣：高額品（サービス）の営業活動をする
コツ：まとめ売り、セット売り、システム販売をしていく

質問力を高めよう

大切なことは質問をやめないことだ。好奇心こそ、我々の存在を示すものなのだ。

物理学者　アルベルト・アインシュタイン

　営業パーソンにとって、顧客の理解を深めるために適切な質問をする**"質問力"が必要**になります。

　「営業パーソンは顧客の対面時間を増やしなさい」と説明しましたが、一方で顧客の立場は「業務中の営業パーソンとの面談は最短にしたい」と考えています。ですから、顧客に対して「要領を得ない質問」することは顧客の迷惑になります。

　「質問力」を上達させる、5つの秘訣を以下にご紹介しましょう。

1. 目的を明確にする：こちらが得たい情報、顧客がこちらに要望する事項を分けて質問をする
2. 2択の質問をしない：「黒ですか？　白ですか？」「はい・いいえ、どちらですか？」では、顧客に重要な条件があって返答できない場合がある
3. 聴く力を養う：顧客の返答に適切なフォローや提案をすること
4. 適切なタイミングで質問をする：話の腰を折るような割り込みの質問や、質問する順番は非常に重要
5. 「さりげない」質問力を養う：例えば、製品をPRする際、会話の中に「○○万円とお安くはないのですが……」と暗に様子を伺う質問をする

質問する前にイメージする

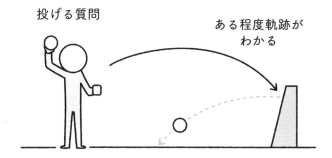

投げる質問

ある程度軌跡が
わかる

投げる質問（の形）を前もってわかっていないと
どこへ転がるのかわからない

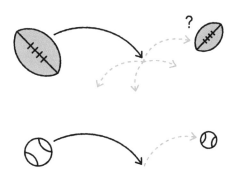

聴く力も高めよう

先日TVで、ある芸人がバラエティー番組について

「先輩芸人が話題をパスしてくれたのに、気を抜いていたせいで スベっちゃったんですよ」とのコメントをしていました。

彼は収録最中の言葉のやり取りを聴き逃したばかりに、笑いを取れるチャンスを逃しました。

営業パーソンも全く同じです。顧客の話題のパスに対して（よく聞いて）機転の利く返答をしなければ"知らないうちに"チャンスを逃してしまいます。

例えば、顧客が「製品を少し改造すれば採用できるけど」とのコメントに対して、あなたが「いや、改造は弊社では受付けていません」と返答したとしましょう。顧客は"改造"を市販で手に入る"付属品の追加"として言ったにも関わらず、あなたは"改造"を製品自体の"形状変更"と解釈し、製品の購入が見送られることもあります。競合が存在していたら、そちらに採用されてしまうでしょう。

ここで、「聴く力」を養う秘訣7項目をご紹介します。

1. 相手の話を肯定することから始める
2. 自分の話の割合を抑える
3. 相槌や反復を利用する
4. 相手の言動や仕草に合わせてみる
5. 相手の反応をよく見る
6. 相手の要望を聞き出すために柔和に対応する
7. 相手の言葉をわかりやすく置き換えてみる

「質問力」と「聴く力」は日々養う営業活動をしていきましょう。

しっかり聞けば適切な回答ができる

顧客

「聴く力」は、顧客からの返球を
どう処理するかの能力です

売れる営業パーソンが やってることって？

　成績を上げる営業パーソンは「質問力」や「聴く力」は既に備わっているかもしれませんが、もちろんこれだけの能力で成績が良いわけではありません。それぞれの営業パーソンに得意不得意は多少ありますが、総合的にみて営業成績を上げるテクニックを備えています。

　例えば、成績の良い営業パーソンの活動の様子を思い浮かべてみましょう。新規客獲得の場合、顧客に親近感を持ってもらうために「３回以上」の訪問を必ずしています。このことから、営業成績を上げる秘訣として、まずは**「新規客には３回訪問する」**ことが営業成績を上げるための秘訣です。

　実際、私は後輩にこの秘訣を教えるのですが、必ず「初回の訪問で興味を示さない顧客は、２回目以降の訪問は無理ですよ」との回答が返ってきます。そんなとき「３回以上訪問するコツ」を教えます。

　コツとしては「１回目分のプレゼン準備だけではなく、３回分のプレゼンの準備をして」顧客にアプローチをします。初訪問の顧客に対して、ついついPRしたい全ての話題を話したくなりますが、それでは焦点がぼやけてしまいますし、１回でネタは尽きてしまいます。初訪問は最も紹介したい話題のみに集中してプレゼンを行います。

　初訪問で顧客が興味を示さず、その商談が「空振り」になったとしても、会話中さりげなく「初訪問のプレゼンのお時間をいただきありがとうございます。お話を伺って次回は本日よりもっと良いプレゼン提案ができると思います」と次回の訪問予告しましょう。初訪問よりも気楽にコンタクトできます。この流れで３回目以降も訪問を繰り返し行いましょう。

初回の訪問では
全てを紹介したくなりますが、
その気持ちを抑えて
一番紹介したいモノ・サービスの
ＰＲを行いましょう。

初訪の プレゼン	2回目の プレゼン	3回目の プレゼン
B　C A	C ← A B	A ← B C
一番紹介したいもの に絞る	初訪と異なるものの 紹介	更に異なるものの 紹介

初訪で
「あれも」「これも」の
紹介は焦点が合わない

やることが多くて
パニックになったら？

　営業パーソンは、日々 "受注獲得" のために業務を遂行していますが、「業務量」はどちらかというと、顧客の事情であったり流行や世相により増減するので、営業パーソンは "一定のペースで" 業務をこなせることはありません。

　業務量が少ない時期（いわゆる "暇な" 時期）は、新規客の検索や既存客フォローに時間を割いて、次の実商談の種まきをするため自分のペースで業務遂行できます。逆に顧客からの問合せや、即対応が必要な実商談が舞い込んで業務量が短期に集中する時期は、業務ペースを維持できなくなります。

　私の場合、業務が増えだしたら、心拍や血圧が上がり「何から手をつけたらいいの？」と、少しパニックに近い状態になったりするのですが、そんなときはまず**「業務の全てを書き出す」**ことから始めます。書き出すだけでも、かなり気分が落ち着きます。

　次に、優先順位を鑑みて書き出した全ての業務を遂行順に「リスト化」します。あとは、このリストに沿って業務を遂行していきましょう。

　上記の「リスト化」は業務遂行のコツですが、人の記憶システムを効率化する**「チャンク化」**と呼ばれる手法です。（右図参照）

　例えば、あなたの１日の仕事量が「１㎠」分の色を塗る仕事と考えて、右上の白い円を塗っていくと何日かかるでしょうか？　一見すると不明で、先が見えないと不安になりますよね。右下図のように、塗る分（つまり「１㎠」分）に分けたらどうでしょう。塗り終えるのに必要な日数を「約76日」と一目で見積もれますよね。これが「チャンク化」です。

チャンク化しない人

1cm²

チャンク化する人

	1	2	3	4		
5	6	7	8	9	10	
11	12	13	14	15	16	17	18
19	20	21	22	23	24	25	26	27	28
29	30	31	32	33	34	35	36	37	38
39	40	41	42	43	44	45	46	47	48
49	50	51	52	53	54	55	56	57	58
59	60	61	62	63	64	65	66	
67	68	69	70	71	72	
73	74	75	76	

チャンク化を
実践してみよう

　ここでチャンク化の実践をしてみましょう。準備する物は、付箋、A3用紙2枚、ボールペンの3点です。用意ができたら具体的な大型商談を想定し次の通りの作業を行っていきましょう。（作業工程表作成までPCの使用をしないでください）

1. 作業を書き出す：付箋にかたっぱしから想定した商談の考えられる作業全てを、各項目ごとに付箋に書き出していってください（例：見積を作成する、協力会社と同行し寸法の打合せをする）。

2. 俯瞰化：作業を書き出した付箋をA3用紙に貼り付けていってください（全体を俯瞰、文字が見えるようにすることがポイント）。

3. 作業配列：もう1枚の白紙A3用紙準備して、左上を起点に右へ順番に、付箋を仕事の作業順に貼り替えていってください。

4. レビュー：配列された付箋を順に読みながら、頭の中で作業をシミュレーションして、足りない作業に気づけば付箋を追加で貼り、作業が不鮮明な箇所は目立つように「！」として、その作業の箇所に付箋を追加しましょう

5. 時間の書き込み：付箋の下部（もしくは余白に）作業時間を書き込みましょう（1h、1w、1dなど）。これによって商談にかける時間を逆算できます（実際の業務は見積もった時間をオーバーしがちですが、ある程度の想定で構いません）。

6. トラブルの想定：予想されるトラブルを付箋に追加します。これも想定で構いません（納期遅延、悪天候の作業遅延など）

7. 仕上げ：工程表として仕上げましょう（これはPCで行ってもいいです）。

① 準備物：
・付箋（8cm 四方程度）
・A3用紙（2枚以上）
・ペン

A3用紙

ポストイット

② 思いつくまま
仕事内容を貼る

③ 並び替え

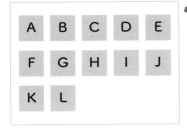

追加事項

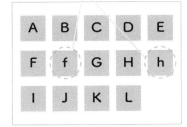

④ レビュー

⑤ 時間の書き込み

仕事時間

＋3h　余裕時間

⑥ 予想されるトラブル
（余裕時間追加）

⑦
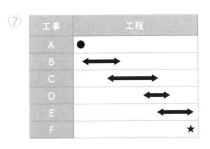

⑥までの表をもとに工程表の作成
（仕事の進捗管理が一目瞭然）

顧客に「欲しい」と思わせるには？

　高額なマイカー購入の際には、営業職の私もカーディーラーの営業パーソンに対応をしてもらいます。以前マイカー購入の際、中古車か新車にするかを迷いながら何件かのディーラー回りをして、結局のところ予算より少しオーバーして新車を購入をしました。

　見方次第では「まんまと営業に乗せられ、予算以上の買い物をさせられた」とも取れますが、私は予算オーバーでも非常に満足しています。購入の決め手は「試乗」をさせてもらったからなのですが、カーディーラーなら「試乗」は当たり前でしょ、と思われるかもしれません。私の場合、どのディーラーに対しても提示する予算は、欲しい車種の価格より50万円も足りなかったので、対応する営業パーソンのほとんどは予算を聞いて、その金額に合った車種と見積を出すくらいでした。つまり「試乗してみましょう」との展開にならなかったのです。

　ところが最後に訪れたカーディーラーの営業パーソンは、私が予算を伝えたあと「予算はとにかく試乗してみませんか？」と提案をしてきました。私はそれなりの経験を持つ営業パーソンですので、同じ営業パーソンを相手にするときは、ある程度の心理状態や販売手法を先読みして「その手には乗らないぞ」と身構えるのですが、実際に乗ってしまうと欲しくてたまらなくなり、極めつきは営業パーソンの「私は齋藤さんに乗ってもらいたいです」の一言で購入を決めていました。

　上記例のように製品を顧客に勧める上で大事なことは、顧客に購入したときの**リアルなイメージ**を持ってもらうことです。私は自身の経験から、顧客にできる限り"イメージ"を持ってもらうよう心がけています。

カタログが顧客に与える感覚

顧客に「欲しい」と思わせるには、
できるだけ多くの感覚に訴えかけること

カタログ	動画	デモ（試乗）	ツール
ツール			
訴える感覚	・視覚（静）	・視覚（動） ・聴覚	・視覚（動） ・聴覚 ・触覚 ・嗅覚 　（革のにおいなど） ・味覚（試食など）
伝わる度合	★	★★	★★★

秘訣：**顧客に"イメージ"してもらう**
コツ：**実物のデモ、動画、写真、客の体験談をフル活用する**

できるだけ早く対応しよう

　ある日営業所での上司と部下Aくんの会話です。

　「Aくん、先日依頼した件は電話した？」との問いに対し、「あっ、まだ電話していません。後で対応します」と、進行中の作業に手を止めず返答。

　おそらく、Aくんは現在進行中の作業が終わり次第電話をするつもりだったのでしょう。Aくんの進行中の作業は昼休みまでに終わらなかったため、電話をしないまま、午後の営業に入りました。

　……

　夕方、午後の会議を終えて戻ってきた上司がAくんに

　「午前中の問い合わせの件電話した？」との問いに、

　「すみません、忘れていました。"今"電話します」と返答。

　このように、すぐに対応できる、ちょっとした依頼や対応について、その場で行動を起こさないと**すぐに忘れてしまいます。**私は、このような依頼事があるとすぐに、右のイラストのように砂時計の砂が落ち始めることをすぐにイメージします。"機会"から"忘却"へと変化していくイメージです。

　顧客や上司が対応を依頼するタイミングは"勘"や"虫の知らせ"的なことも少なくありません。このタイミングでチャンス（機会）をつかむためには、できるだけ早く、**その場で対応すること**です。その場で対応できることは、時間を置かずその場で対応をしていくようにしましょう。

依頼の瞬間から機会は時間と共に失われる

機会

忘却

その場で対応できる依頼をされたら、
できるだけ早く対応しよう

締切に
間に合わなそうなときは？

　継続的な商談の中で、提案資料などの作成を顧客から任されことがあります。そのときに重要な事項は締切日です。締切日はできるだけ余裕を持って設定し、締切の前日までに提出することを心がけましょう。そうすることで、顧客の信頼度を高めることができます。

　営業パーソンは、複数の顧客を持つため、不測の依頼事項の対応で、思うように計画が進まないことがあります。そのような状態で、先に決めた資料の提出を締切に間に合わせられなくなることがありますが、この場合は、締切日を延ばすよりも、**"完成した"資料から順次提出していく**ことが非常に有効です。

　顧客側でも、提出される資料の全てを見る時間は必要なので、小出しでも締切前の提出は非常に有難く感じます。

　仮に、締切日を延ばす場合、顧客の心理は「締切りを延ばすからには、相当の資料準備してくれているのだろう」と必要以上に期待度が上がってしまう結果になります。

　締切を延期しても、時間不足で作成する資料は一度膨らんだ顧客の期待度を超えることにはならないので、締切前の提出に執着しましょう。顧客と締切日を決めることは非常に重要で、"早い"締切日の設定よりも、余裕を持った設定が結果的に好印象を与えます。

　競合がいる見積書の提出については、締切日を超えることは論外ですが、公平な比較をしてもらうために当日に提出をすることがちょっとしたコツです。

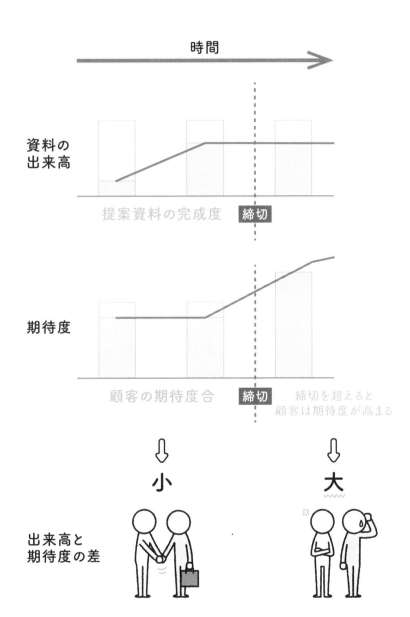

時間

資料の
出来高

提案資料の完成度　締切

期待度

顧客の期待度合　締切　締切を超えると
顧客は期待度が高まる

⇩　　　　　　　　⇩
小　　　　　　　　大

出来高と
期待度の差

分からないことは
誰かに聞こう

愚者は経験に学び、賢者は歴史に学ぶ

ドイツの宰相　オットー・フォン・ビスマルク

　営業は、ルート営業やアカウント営業だったとしても、日々新しい情報を顧客から求められます。そして営業パーソンは、その都度検索し、調査し、できるだけ旬な情報と、できれば自社が扱う商品と絡み合わせた提案を顧客に届けます。

　この一連の活動の中で、煩雑で時間をかければ達成できるような作業が時折あります。そんなときは、躊躇することなく同僚や先輩、または顧客に状況を説明して、何か要領の良い方法がないかを聞きましょう。

　ここで、簡単な実験をしてみましょう。次頁以降に①〜③の問題があります。①と②はヒントの有と無で数字を追って、30秒でいくつまで数えられるかチェックしてください。①と②を踏まえて、③にトライしてみてください。

　ヒントがなくてもできると思う方は、いきなり③のテストから行ってみてください。（30秒でアルファベット全て追えますか？）

　ヒントの有無で大きく効率に大きく差が出ることを実感できたことでしょう。ヒントをもらう（人に聞く）ことで、効率が上がり、ストレスも軽減されます。そして一度要領を得てしまえば、ヒントを聞かなくてもできるようになっていきます。

ヒント無し、30秒でいくつ数えられますか？

1から順に目で追って30秒の間に数えた数字を覚えてください

①

1 43 31 8 26 38

7 25 49 32 14

44 50

37 13 19 2 20

6 36 33 9

54

42 27 3

15

12 24 51

30 48 18 21 45 39

11 4

5 53 46

29 16

35 22 52 10

41 28

23 47 17 34 40

①と同様 30 秒でいくつ数えられますか。ヒントは……
「均等に区切ったマス目を移動しながら時計回りに数を追います」

②

1 43　　31	8　26　　38
7 25　49	32　14
37　13　19	44　50
	2　　20
6　　36	33　　9
42　54	15　27　3
12　24	51
30　48　18	21　45　39
11　　53	4　　46
5　29　35	16
41	22　52　10
23　47　17	28
	34　　40

①と②を経験したあなたは

30秒でAからアルファベット順にどこまで追えますか？
①と②を経験したあなたは要領を得ています。
①と②を経験せず③を初回に試す場合は
相当なストレスを感じるでしょう

③

A　　　M　　　　　　　　H

　　　　　　T
　　S　　　　Z
　　　Y　　B　　　　N
G

　　　　L
　　　　　O　　U
　　R　　　　　　C

　　　　　　　I
X
　　　F

Q　　　　　D　　　P

　　W　　　　J

E　　K　　　　　　V

ただし、聞く前によく考えよう

前項まで「人に聞こう」を説明していますが、実は「分からないことを全て人に聞きなさい」という意味ではないことに注意してください。人に聞く前に、次の5点の事柄を注意しましょう。

1. 自力で回答を得られる手段は無いか：自力で回答を求めないと"身に"付きません。「もうこれ以上調べてもわからない！」というところで聞きましょう。／あなた自身も「人から教えてもらった事を忘れてしまった」という経験をしたことはありませんか？　自力で回答を得たものほうが覚えがいいです

2. 自分の意見を持って質問する：意見を持たない質問は受動的で、これも身に付くことはありません。意見を持つことで能動的な質問になります。自分の意見がないと聞かれる相手は内心「どうしたいのか？」という気になります

3. 目的を伝えてから質問する：相手に聞く意図を伝えないと「正しい」返答が得られない可能性があります。例えば、知っている人に目的地への行き方を聞く際に、仕事（出張）で行くのか？旅行で行くのかの目的によっても異なってきます

4. 以前"同じ"もしくは"似た"質問を以前にしたことはないか？：相手の立場に立てばわかりますよね。仏の顔も三度と言いますが、4度目の質問の返答は「自分で考えろ！」になります

5. 漠然とした質問や"どうしたら〜か？"という一任の質問をしない：例えば「どうしたら幸せになれるでしょうか？」とあなたが質問されたらどのように答えますか？　漠然な質問は無限に返答があります（言い換えると、「返答のしようがありません」）

自力で解決できる質問はしない

私、勤続何年目
でしたっけ？

自分で
調べなさい！

秘訣：人に質問する前に自分で調べ、
　　　どうしても無理な段階で聞く

コツ：聞く相手の立場でこれからする
　　　自分の質問を考える

燃え尽き症候群に
ならないためには？

> 最大の危険は、目標が高すぎて、達成出来ないことではない。目標が低すぎて、その低い目標を、達成してしまうことだ。
>
> 彫刻家　ミケランジェロ

　私もちょっとした「燃え尽き症候群」になったことがあります。燃え尽き症候群とは、「高い意欲を持って活動していた人が、何らかの原因によってある日突然、それまでのやる気を失い、**燃え尽きたように無気力になる状態**」を指しますが、私の場合「受注1億円の達成」をした後に感じました。

　それまで、私個人の目標として「1億円の受注」は達成したい、困難な目標と考えていたのですが、いざ達成してみると「さて、次は何を目標にすればいいのか？」と道に迷った状態となりました。

　私が燃え尽き症候群になった理由は、ムーンショット目標を更新しなかったことが原因と考えています。私が新人の頃、やりての先輩営業パーソンの目標が「1物件で1億円受注達成」でした。新人の頃の私にとって、それはまさに"月に行く"ような簡単には達成できない目標でしたが、そのとき以来私も同じ目標を持つようになりました。月日が経って25年後、その目標は達成できたわけですが、その間に私の「1億円受注達成」はムーンショット目標ではなくなり、達成可能なルーフショット目標に変わっていたのです。

　今私は、定年の65歳近くまでに達成できるかどうかわからない新たなムーンショット目標を持ち、その達成に向けて楽しい日々を送っています。とにかく「今私は燃え尽き症候群だ」と感じている人にお伝えしたいことは「あなたは既に**次のステップに行く実力を備えた**」ということです。常にムーンショット目標を持ち、コツコツとルーフショット目標を達成していくよう心がけましょう。

ムーンショット目標なし

ムーンショット目標あり

ムーンショット目標は時間の経過と共に実力がつくことで、ルーフショット目標へと変わる

コネを増やそう

新人だった頃の私には、当時の所長が「スーパーマン」のように見えたものですが、今私が当時の所長の年齢に近づいて思うことは「営業経験」を積むことで、**誰でも（新人から見れば）「スーパーマン」のようになれる**ということです。

例えば、工場に設置する空調設備の営業パーソンをイメージしてください。「顧客にアプローチするために営業電話を１日100件し、ようやく１件のアポ取りに成功し、打合せで顧客から『設備と設置工事含めて検討しください』との依頼をされ、そこから協力してくれる工事業者を探し、設備工事込みの見積を作成し、高額見積なので上司と同行訪問で見積を提示し、そこで運よく受注になり、空調設備の設置へと至る。」……どうでしょう？　この「」内の業務は息が詰まるような業務と思いませんか？これは私の営業２年目の経験です。「次も同じようなプロセスをしなければいけないのか〜？」と、疲れる思いでしたが"同じような"プロセスを踏まなくても、この経験を起点に、受注達成を"楽に"することができるようになったのです。

なぜなら、顧客が"クチコミ"で系列会社に宣伝し、同様の案件をもらい受注することができたからです。続いて協力してくれた"工事業者"が空調設備の設置経験別会社に宣伝し、同様の案件をもらいました。

この"コネ"のお陰で仕事が"私に"入ってくるようになり、業務内容は **"経験を踏襲"** するだけで、楽になり仕事が楽しくなっていきました。

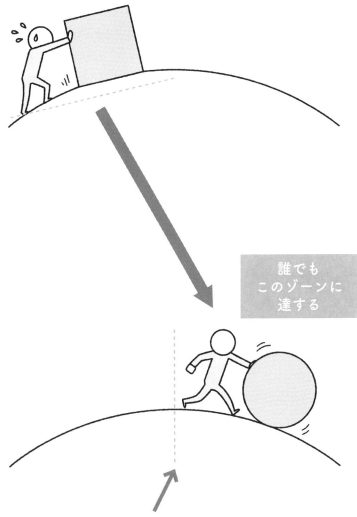

誰でもこのゾーンを経験する

誰でも
このゾーンに
達する

コネが増えると楽に仕事をこなせるようになり、
しかも雪だるま式に仕事が大きくなっていく

大事な商談も
一人で訪問するべき？

営業パーソンのほとんどは"個々人"で目標予算や"ノルマ"を持っています。このノルマを達成するために、営業パーソンは、なるべく"個人の活動のみで"自身の目標をクリアしなければならないと考えがちですが、それは全くの間違いです。どんな案件も**周りの協力は不可欠**で、案件規模が大きくなればなるほど、そこに関わってくる人が増えていきます。言い換えると、"多くの人を巻き込んで"活動をする営業パーソンは、大きな仕事をしているということです。

例えば「大型受注を決めるここ一番」で顧客に訪問する際は、個人で訪問するよりも先輩や上司を巻き込んで同行し打合せに臨むほうが、断然受注確率は高くなります。

多くの人を巻き込むということは、人とのつながりが密になっていき、経済社会を活性化させます。これは脳内の"ニューロン"の動き（働き）で説明することができます。ニューロンは脳のなかで情報を受け取り、次の細胞や器官へ情報を伝える働きをしていますが、ニューロン同士のつながりが多くなるということは、それだけ伝わる量と速さが大きくなり、細胞や器官が元気に活性化するということです。

営業パーソンは遠慮なく人を巻き込み、**個人で持たない周りの能力のリソースを活用**していきましょう。

注意点として、巻き込む人は「適材適所」で行う必要があります。受注を決める場で技術者に同行や、製品についてあまり詳しくない上司や先輩と同行の技術的打合せなどは効果的とは言えません。また、訪問する"タイミング"についても同様で、自力で活動すべき場面にむやみに"同行訪問"することもあまり効果を発揮しません。

脳とニューロン

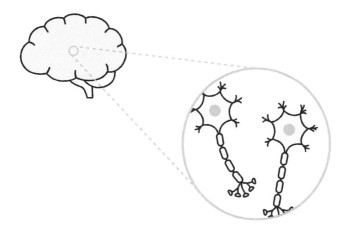

地球と人々

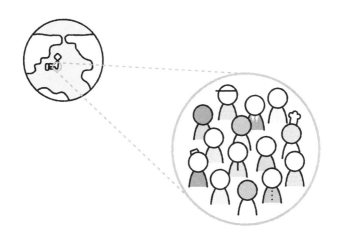

顧客に商品を
イメージしてもらうには？

P142で、顧客に"イメージ"をしてもらうために、デモや試乗、試供によって実際に体験してもらうことの秘訣を説明しましたが、必ずしも、これらを準備できないことがあります。そのようなときは、既に購入実績がある**顧客の体験談や使用している様子を話す**ことで効果的に製品やサービスをPRすることができます。

テレビCMで、掃除機やマッサージ機などのPRに「お客様の声」として紹介しているのを目にしたことがあるかと思いますが、それが人に**臨場感**を与える手法です。

営業パーソンがこの"臨場感"を顧客に伝えるためには、やはり"顧客と一緒になって、より多くの使用体験をする"ことが有効です。

例えば又聞きで、顧客が使用した評判について伝えようとすると「……私共のマッサージチェアは非常に気持ちいい"らしい"ですよ」のような表現になり、何だか他人事のようになりますよね。

一方、体験が多い営業パーソンは顧客に対して「先日の顧客も同じようなことを言われていましたよ。価格が安い割に機能が多くて、特に『〇〇機能が購入の決め手』とのことでした」と、自身が体験している分、話す内容が具体的になり、より顧客への臨場感を与えることができるようになります。

私のような"工業系製品"を販売する営業パーソンは、機械設置後初めてテスト始動する時間帯が休日だったり深夜だったりすることもありますが、顧客が許す限り、現場に赴き立ち会いに参加する理由は、自身の体験を増やすためです。

営業パーソンはできるだけ"顧客との"体験を増やしましょう。

顧客との体験が増えていく中での注意点は、稀な体験をすることです。そのような話題は顧客に"共感"をされないかもしれませんので、レアケースの話題は避けましょう。

第 5 章

営業の未来

目標を見失ったらどうする？

自分の価値観を見つけ、それに従って生きていくことを約束すること
です。自分の北極星を見つけなければならないのです。

Apple CEO　ティム・クック

今更言うまでもなく当たり前の話なのですが、営業に重点が置か
れる会社にとって「営業の未来」は「会社の未来」と言っても過言
ではありません。ですから会社は常に営業を正しい未来へ導く必要
があります。この書の冒頭で「立ち位置」がわからなければ、行き
たい方角や方法がわからないことを紹介しましたが、これと全く同
じように未来の「目的地」がわからなければ、いくら立ち位置がわ
かったところで、**行くべき未来の方角やその方法**について知ること
ができません。

会社にとって「目的地」とは、「未来の会社の在り方」と言い換
えることができるでしょう。これがあることで組織は同じベクトル
になり、人が増えるに従って、川の流れの勢いが増すように、会社
に勢いがついてきます。

さて、みなさんの中には「私の会社の在り方は何だろう？」と考
える方もいらっしゃるかもしれません。それはあなたの会社の「社
是」にあります。営業パーソンは"販売すること"がコアな業務であ
るため「目的地」を「売上達成」に置きがちなのですが、特に忙し
さで「目的地」を見失いがちなときこそ、**「社是」に立ち返って行
動する**ことを心がけましょう。

また、併せて自分の「目的地」としての「在り方」も見つけてお
くといいかもしれませんね。

社員の目指す方向をそろえる

「三方よし」で商売する未来

「理念」がある会社   「理念」がない会社

流れや勢いを感じる   淀み対流を感じる

個人の活動

理想的な営業活動って？

　日々、業務に追われている営業パーソンは、つい目の前の業務に埋もれがちで「何が理想的な営業活動か？」などといった考えに及ばないものです。そしてこれが積み重なって、改めて振り返ってみると「もっと効率の良い行動はできなかったのか？」と自責の念に駆られることは営業パーソンなら誰でも経験はあるのではないでしょうか？

　それでは、営業パーソンにとって **「理想的な営業活動」** とは一体何でしょうか？　それは「顧客との時間」の属人的※な時間を最大限に活動し、それ以外の非属人的時間をいかに削減するかが営業パーソンの効率の理想的な営業活動と言えます。

　例えば、売れ行きに何の問題もない製品Aが、スマホやPCから簡単に購入ができるような場合（製品AをECで購入可能な場合）、この時"営業パーソン"は不要ですよね。ここに営業パーソンの存在価値（入る余地）は一切ありません。

　一方、製品Aの競合である製品Bが現れ、販売方法はECではなく"営業パーソン"による営業活動によるもので、それは時間を追うごとに製品Aのシェアを侵食し、気づいたころにはシェアの半分以上を製品Bに奪われたらどうでしょうか？　この場合製品Bを販売する"営業パーソン"の存在価値と真価は大いにあると言えます。

　つまり、営業パーソンの真価は「顧客の購買意欲を直接刺激し購入に至らせ、その対価をいただく」ことです。

　次項で、属人的な時間を最大限にし、それ以外の非属人的時間を削減する方法をご紹介いたします。

　※ネガティブな使われ方の多い用語ですが、本書では「マニュアル化されていない、その人だからこそできること」という意味で使います。

営業プロセスの10段階	業務効率化手法
1. 市場調査	
2. 見込み客発掘	MA
3. ニーズの確認	Marketing Automation
4. アプローチ・アポイント	
5. 面談プレゼン	
6. 質疑・検討（実商談）	SFA
7. クロージング（契約・受注）	Sales Force Automation
8. 納品（立会）	
9. 次のアプローチへの準備	CRM
10. 顧客のフォロー	Customer Relationship Management

限られた営業の時間

営業コア業務・最大化の努力

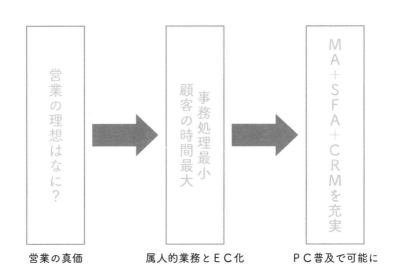

営業の理想はなに？

顧客の時間最大 事務処理最小

MA＋SFA＋CRMを充実

営業の真価　　　属人的業務とＥＣ化　　　ＰＣ普及で可能に

167

どうしたら理想的な
営業活動ができる？

営業パーソンの"非属人的時間"は、事務処理やオフィスワークといった時間でしょう。その内容は、顧客からの問合せ対応や、見込み客発掘のための調査など様々です。そんな仕事をしているところを上司に発見され「さっさと顧客に訪問しろ」と言われたことは営業パーソンなら経験があるのではないでしょうか？

この非属人的にあたる事務処理を早く処理するにはどうすればいいでしょうか？　それは全てにおいて**"検索"が早く行えれば解決**します。

「仕事の早い、遅い」＝「検索が早い、遅い」です。

例えば、「新規顧客を発掘するためのリスト化」をするオフィスワークを思い浮かべてください。"過去に"同様の作業を行ったことがある上司や同僚などに、フォーム化されたリストの有無を尋ねます（検索1）。あればそのリストのフォームをそのまま使用し（検索2）、なければ自身で新規に作成し、次回同様の作業で検索する"フォームデータ"を保存します（検索3）。次に、"過去の"販売状況を確認し（検索4）、販売された顧客に似た"検索"をして（検索5）、これを繰り返し、リストを完成させます。

上記の"検索1〜5"は検索に関わる内容です。ここを"最短時間"で行えれば、業務を最短で終わらせることができるでしょう。

「検索」とは、"ググる"という言葉に代表されるように、スマホやPCでの作業を思い浮かべますが、PCが無かった昭和の時代は、工場便覧や、帝国データバンクの専門書を使用して「検索」を行っていました。

PCの普及は「検索」と業務を一変させました。その影響は計り知れないものがあります。

数十年前の検索

検索は
・人が限定
・場所が限定
・時間が限定

保管者の
記憶が頼り

現代の検索

検索はPC、スマホがあれば
・誰でも
・どこでも
・いつでも

SFA ってなんのこと？

　さて、前項では「検索」の早さが属人的な事務処理の時間を短縮すると紹介しました。しかし競合の製品情報や企業情報など一般の検索は"ググって"しまえば簡単にできますが、過去の取引客の担当者や部署、商談情報といった自社と顧客の関係する情報はググっても結果は表示されません。

　そこで一般には**検索されないような自社企業の蓄積データを簡単に検索できるツール、"SFA"**が登場しました。SFAは、会社名、担当者名、部署名、連絡先、メアドや日々の商談の進捗状態（新規アプローチから受注に至るまで）、商談内容などを保存します。

　PCが普及していない頃は、名刺ホルダーや日報帳などは各人がデスクの引き出しやオフィス棚に保管し（半年もすれば肥やしになり）、検索したいときは、その引き出しや棚にアクセスして、１枚ずつ頁をめくりながら探し出していました。

　しかも、アクセスできる人はそれが保管されている棚や引き出しから名刺ホルダーや日報帳を取り出せる人に限られ、例えば出張中に名刺や日報の内容を確認したいときはオフィスアシスタントに頼んで名刺や日報情報を得たものです。

　SFAはネット環境が整う場所で、かつアクセス権限が付与されていれば世界中どこでも、いつでも、簡単に情報を検索できるようになりした。

　SFAは、"現在の"顧客との商談状況を保存し蓄積するツールと言えますが、このツールを効果的に運用するには「全ての営業パーソンが、日々きっちりSFAへの入力と保存をして情報を漏れなく蓄積する」ことです。そうすることで規模が大きくなるに従って連続した活動の蓄積が受注へと結びつけてくれます。

SFA とは旅のメインイベント

> データベース（DB）内に
> 蓄積されている情報量が
> 検索の質を左右する

各営業パーソンが、日々上記の日報をきっちり保存すれば
会社にとって大きな財産になります。

MAってなんのこと？

　営業の業務を旅に例えるなら、"SFA"は目的地で周遊する言わば"旅のメインイベント"に当たります。しかし、その旅を満足の行くものにするためには、万全の「準備」は欠かせません。営業業務において、この「準備」に当たる活動が**MA（マーケティングオートメーション）**です。具体的な業務内容は主に新規顧客を獲得するための活動ツールで、大量のメール配信やウェブサイトの訪問者の分析といった様々な作業を自動化し情報を蓄積するシステムです。

　MAは専門性が高いゆえに、"営業パーソンにとって無関係なツール"と思う方も多いかもしれません。しかし新しいモノや事柄を日々更新する役割を担う営業パーソンにとって、MAの活用は不可欠で、MAを利用しなければ当然業務効率は悪く、特に"新しい"顧客の開拓や新製品投入は全く望めません。

　例えば、ルートセールスの営業パーソンは文字通り、毎日決まった顧客に決まった製品や個数を決まったルートで販売活動をしているので、一見すると新しい顧客の開拓や（安定購入客に対する）新製品の投入といったMAには無縁だと思いますが、実際のところはどうでしょうか？

　ルートセールスの場合は薄利の傾向があるものの、顧客1件に卸す物量と額は大きいと考えられます。ゆえに1件の顧客を失うと仮定したら、相当な痛手になることは容易に想像がつきます。

　突然、顧客から"取引額の減額や、取引停止の連絡"が1件でも入った場合は倒産の危機にも陥りかねません。

　MAの活用によって、取引停止になった顧客に代替する顧客の掘り起しや、新製品を投入して新ルートの開拓などの戦略を速やかに練ることができます。

MAとは旅の準備

MA（マーケティングオートメーション）とは、マーケティング施策に関する業務を自動化・効率化するための仕組みやツールのこと。あらゆるデータを統合し、顧客一人ひとりに対する効果的なアプローチを実現できるため、顧客育成の面でも活用されている。

CRMってなんのこと？

　　　CRM（Customer relationship management）は顧客との取引実績や取引履歴の情報を保存しています。これは旅から帰って、撮った写真の整理や、土産物やパンフレットなどの保管に似ています。ＣＲＭの具体的な機能は、ある特定の客を検索すると、「いつ、何の製品が（製品型番など詳細に）、どれぐらい（個数や量）、受注金額と粗利」といった情報が得られる他に、顧客との取引履歴を知ることができます。

　　取引履歴は次の３つに分けることができます。

A．現在まで継続的（定期的に）受注がもらえている

B．１回の受注実績しかない

C．継続的に受注をもらえていたが、ある日突然受注が途絶えている

　　営業パーソンにとって有効な情報は、上記の取引履歴の中でBとCになります。Bは製品の性質上寿命が長かったり、顧客が生涯で購買する回数がせいぜい一回か二回程度（マイホームなど）で理由がはっきりするものだけでなく、例えば1回は購入してくれたが"競合に"受注を取られてしまったものも含まれるかもしれません。

　　Cの情報は最も重要で、受注が途絶えた理由を営業パーソンが早急に知る必要があります（例えば理由は「倒産した」、「競合に奪われた」、「時代の流れで不要となった」など）。

　　このように**次への改善のテーマとなる情報**なので、正確に情報を更新しなければいけません。

　　"定期的に"受注をもらえている顧客は、受注が途絶えないように"定期的に"顧客をフォローすることは、営業パーソンにとっては最も重要な営業活動ということに気づくでしょう。

CRM とは旅の思い出の整理

CRM システムでは、顧客の氏名（会社名・担当者名）や年齢、性別、電話番号、メールアドレスなどの基本情報や、購買日・購買金額・購買頻度などの購買履歴、問い合わせ対応やクレーム対応などのコンタクト情報などを管理します。

SFA、MA、CRMは
なぜ必要なの？

MA とは旅の準備
SFA とは旅のメインイベント
CRM とは旅の思い出の整理

　ここまでSFAとMA、CRMのそれぞれをどのように活用するかについて説明してきました。5章冒頭の"理想的な営業活動"では非属人的な時間をできるだけ削減し、顧客との（属人的）時間を増やすべきと説明しましたが、MA、SFA、CRMの情報を今後に生かすために入力する**非属人的時間は不可欠**であるということにも気づくのではないでしょうか。この業務は最短時間できっちり実行することで最大限の効果を発揮します。

　右の表は、SFA、MA、CRMに含まれる主な項目と入力情報の例を示した表です。リードをMAで取得し、実商談の情報をSFAに入力し、受注もしくは失注と履歴はCRMで管理するといった流れです。

　右頁下段は、新規客と既存客を両立させながら営業活動をする営業パーソンのイメージ画です。スパイラルの時間軸は下から上へ向かっており、既存客を大事にフォローしつつ、新規客を取り込み、断面2から3、4のフェーズへとスパイラルアップしていきます。各断面では、MA、SFA、CRMがバランスよく回っています。

　みなさんはこの**スパイラルアップのイメージ**を持つことができますか？

MA、SFA、CRM の主な情報

支援ツール			項目	例1	例2
CRM	SFA	MA	業態	製造業	商社・卸業
			業界	電気・電子	輸入
			業種	電子品製造	工業系全般
			企業名	（仮）アルファ電気	ＪＭＯ（株）
			従業員数	500人	200人
			資本金/売上高	1億/500億	5000万円/100億
			所在地	愛知県東海市	東京都
			代表連絡先	0123-××-○○○○	0123-××-○○○○
			リード発生要因	DM	展示会
			業種・職種	機械保全	販売
			部署	保全課	営業部
			部署連絡先	0123-××-○○○○	0123-××-○○○○
			担当者名	名無　権平	齋藤　裕信
			担当者連絡先	0123-××-○○○○	0123-××-○○○○
			商談状況	見積掲示済、ネゴ依頼あり	デモ希望
			次回予定	上司同行にて契約交渉	○月×日デモ実施予定
			受注時期	1週間後	2か月後
			受注・失注履歴	○月×日失注	受注
			要因	競合比較し高価だったため	既設装置と比較し性能向上のため
			継続・非継続	非継続	継続中（最近の発注○月）
			再コンタクト歴	○月×日TELで担当者へ連絡	月1回定期訪問中
			備考（入力日○月×日）	次期プロジェクトの話あり	○月競合がPRしにきたとのこと

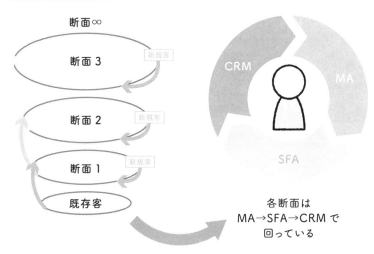

断面∞

断面3　新規客

断面2　新規客

断面1　新規客

既存客

各断面は
MA→SFA→CRM で
回っている

CRM　MA　SFA

経営者とどう付き合う？

　誰も自分が所属する企業の醜態なんて話したくはないですが、たまに営業部門の長や上司たちから経営層に向け、陰で不平を言うのを聞いたことはありませんか？　例えばこんな感じです。

　経営者層からの通達：日々予実（ノルマと実績）管理を怠らないように、所属長を含む営業各人は日報を怠りなく提出のこと。

　経営者層の通達は絶対と認識しながらも、この通達に対し、

　営業所属長：我々は靴底を減らしながら朝から晩まで前線で営業活動をしているのだから、事務所に帰っての"日報"や"予実管理"になんて時間を割いてられない。営業現場を知らない経営者はこれだから困る。などといった旨の内容です。

　経営者層と営業側は共に同じ"会社の業績を上げる"目的のために日々がんばっているのに、なぜこのようなすれ違いが生じるのでしょうか？　経営者側としては企業業績に直結する全ての営業パーソンの活動が「効率良く」なるためにSFA、MA、CRMなどの土壌を築く予実管理や日報などの事務処理の時間を課します。

　一方、営業パーソン側、特に今まで日報作成・管理や予実管理などをせずに成績を上げてきたデキル営業パーソンほど"自身のやり方"が身について、経営者層の予実管理や日報作成・管理のような事務処理に時間を割かなければならない指示・通達は理解できないのです。

　経営者側は「事務処理の時間を作りなさい」、営業側は「顧客の面談を増やすのに、事務処理の時間を削減している」と、双方相容れなくなります。

　経営者層と営業側が互いの事情を共有できれば、企業はますます一枚岩になるのではないでしょうか。

営業支援ツールとセールス・イネーブルメント

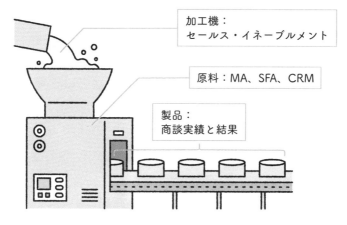

営業支援ツール MA ／ SFA ／ CRM と
セールス・イネーブルメントの関係は
上記の絵に例えることができます

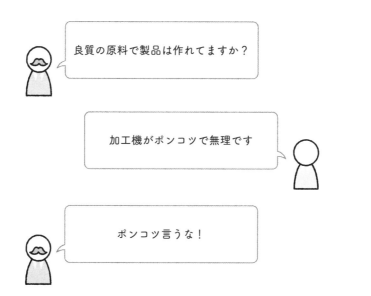

良質の原料で製品は作れてますか？

加工機がポンコツで無理です

ポンコツ言うな！

セールス・
イネーブルメントって？

　「セールス・イネーブルメント」は、直訳すると「営業有効化」、「営業活動をできるようにする」という意味です。ようやく日本でもこの言葉が浸透し始めていますが、セールス・イネーブルメントが登場した背景には、**SFAやMA、CRMなどの営業支援ツールの進歩**があります。

　営業支援ツールとセールス・イネーブルメントの違いは、前者のツールは営業パーソンにとって、個人が日報の保存や過去の共有化された情報を収集する"受動的"な営業ツールに対し、セールス・イネーブルメントは、営業支援ツールの蓄積データを分析し、その結果を基に営業活動を効率的なものにする言わば"能動的"な営業ツールです。

　例えば、あなたが自社の新製品の販売を任されたと仮定した場合、効果的な売り先を知るために過去のデータを調べるでしょう。そのデータの源泉がSFAでありCRMで、MAからリードを得ます。

　では更に、現代の顧客の多様化に対応するために、販売する自社新製品が、購入される顧客に対して、どのようなソリューションを生み、どのような展望になるのかと問われたらどうでしょうか？今まで通り個人スキルのソリューション営業で一定の効果をあげられるものの、対応できる営業パーソンとその件数に限界があることは必至です。これに対処するために、個人ではなく組織で"考え"、"分析"された販売を効率化させるツールが「セールス・イネーブルメント」です。

　SFA、MA、CRMは個人の情報を組織で共有するツールに対し、セールス・イネーブルメントは、組織の考えや分析結果を個人で共有できるツールです。

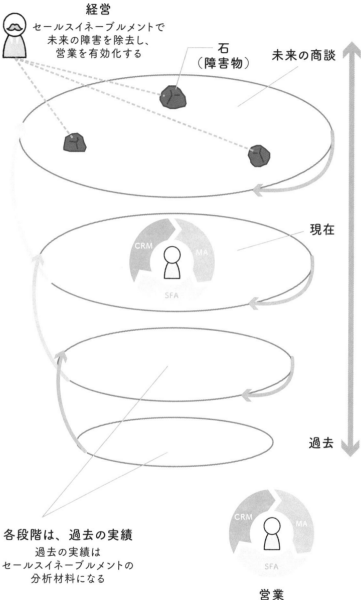

経営
セールスイネーブルメントで
未来の障害を除去し、
営業を有効化する

石
（障害物）

未来の商談

現在

CRM
MA
SFA

過去

各段階は、過去の実績
過去の実績は
セールスイネーブルメントの
分析材料になる

CRM
MA
SFA

営業
MA、SFA、CRM の三人四脚で
営業は未来に向け進む

セールス・イネーブルメントが なぜ必要なの？

　将来「セールス・イネーブルメント」がますます必要になる理由は、顧客のニーズが多様化し、顧客が販売する企業以上の知識を持つようになったためです。

　PC、スマホの普及とウェブの充実は、企業の利便性が増したのはもちろんのこと、顧客である一般個人もまた選択の幅が増えたことは言うまでもありません。例えば輸入品の「洋書」を購入することを想定してみても、昔は洋書を扱う本屋に問い合わせをして、幾日か後に入手の可否や入荷日の回答をもらうことができましたが、今ではAmazonのような通販専門のサイトで欲しい本の検索をすれば、世界中の在庫から回答をもらうことが可能です（しかも、古本の在庫まで紹介をしてくれます）。

　企業がより一層成長し発展していくためには、営業パーソン各々は顧客に「今何がお困りでしょうか？」との質問をしているようでは遅く、先んじて**顧客の課題とソリューションを予測し、これに対処する提案が必要**になってきます。営業パーソン個々人の動きではこれに対処するには限界があるため、**企業組織が一丸となる「セールス・イネーブルメント」が必要不可欠**と言えるでしょう。

　その他に、非属人的時間を最短にする「SFA、MA、CRM」に対して、「セールス・イネーブルメント」は非属人的時間の業務内容の密度を濃いものにするツールと言えます。

営業支援ツールとセールス・イネーブルメントの関係

顧客

蓄積された情報を分析し、
企業組織が顧客に向けソリューション
提案や展望の施策を行う

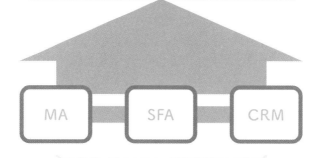

セールス・イネーブルメント

MA　　SFA　　CRM

会社内の情報の蓄積と共有

セールス・イネーブルメント
で営業が簡単に？

"セールス・イネーブルメント"は、セールスレップへ「最適な販売方法の伝達」に役立ちます。そのため、日本ではあまり馴染みがない"セールスレップ"ですが、セールス・イネーブルメントが企業に浸透すると共に、**将来はセールスレップが広く浸透してくるのではないでしょうか。**セールスレップが求められる理由として、顧客のニーズは企業に対し、ますます順応性と多様化を求めることは必至です。そのとき、企業で抱える営業パーソンだけではニーズをカバーできない可能性が出てくるでしょう。そのような事態に備え、将来はセールスレップの検討と起用が非常に有効になります（P12を参照）。

同様に"セールス・イネーブルメント"は、営業を「協力会社」への委託をしやすくします。

一方、セールス・イネーブルメントを運用している委託会社の場合、セールスレップに対して以下の提供が可能になります。

①販売先を指定しない→DXで管理されているため優先権可視化

②販売先傾向のデータ→顧客を絞れる

③起こりうるトラブルの情報→予め顧客にアナウンスが可能

④対競合との位置情報→販売戦略を練ることが可能

⑤上記①〜④に関する教育・トレーニング→「経験不問」も可能

いかがでしょうか？　相当の経験を持っていても、セールス・イネーブルメントを運用する委託会社のほうが、販売効率が良いことがわかるでしょう。または、あまり経験がなくても**セールス・イネーブルメントを運用**している営業の起用ならば、**営業が簡単**になることを想像できませんか。

営業支援ツールとセールス・イネーブルメントの役割

分析

セールス・イネーブルメント

提供

内容
・トレーニングと教育
・競合情報、プレゼン資料
・顧客情報
・最適なワークフロー
・過去データと予測

セールス・
イネーブルメントは
↓

内容
誰が
誰に
何を

↓
提供する

官民学の連携

官民学[*]**の連携があれば、経済は活性化し、産業は大きく発展す**ると思います。

「官民学の連携」について考えるようになったきっかけは、非鉄金属メーカーへ産業用機器をPRのために営業活動をしていたときです。

その非鉄金属メーカーは歴史が古く、生産設備もそれなりに古いため、本来は自動化できる箇所が今でも生産ラインの多くの箇所で装置運転者（オペレーター）による「手動」作業が行われています。

私のPRした産業用機器は、古い既設のラインに追加設置可能で、手動制御を自動制御に替えることができるのですが、"自動化"は簡単ではありません。例えば以下の装置概要です（右下の絵を参照）。

①バーナーで釜を熱しアルミを溶かす②釜を傾注させて20mの樋に溶けたアルミを流す③鋳型のコンベアへ数秒毎に均一に溶湯を流す④一定間隔で冷却し鋳型を取る

上記のシステムは、②の"樋"を流れる溶湯量の制御と③のコンベヤの速度調節が非常に難しいです。民間企業は製品単品の使用については詳しいですが、システム全体の調和が必要となった途端に相当な負荷となり、採用を諦め、産業発展のチャンスを失うケースが多々あります。上記の場合、"民"間企業（非鉄金属メーカーの）テーマが、材料を研究する"学"である大学の学生のテーマに「湯温―傾斜角－樋末端の湯量」として渡し、そのデータを活用すれば製品が採用され自動化します。企業が自動化に進めば官のテーマの「カーボンニュートラル」へとつながっていきます。**この連携を担うのが営業パーソン**になります。

＊官庁、民間企業、および学校のこと

官民学の相関図

各々の持ち場で活動している
（分断している）

例

④実例　　　　　　　　①カーボンニュートラル
　（フィードバック）　　官

③ソリューション　　　②研究テーマ

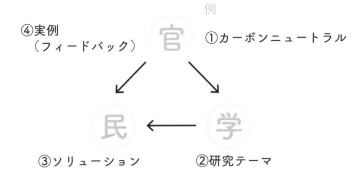

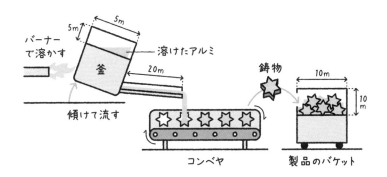

バーナー
で溶かす
溶けたアルミ
釜
5m
5m
20m
傾けて流す
鋳物
10m
10m
m
コンベヤ
製品のバケット

ERPってなんのこと？

　ERP（Enterprise Resource Planning）とは、**企業の持つ資産「ヒト」「モノ」「カネ」「情報」を一箇所に集めて管理し有効活用していくためのシステム**です。営業は主に「情報」面で共通の関わりを持ちます。ERPはセールス・イネーブルメンとよく似た概念ですが、決定的な違いはセールス・イネーブルメントはセールスレップや協力会社へ情報を提供できるのに対し、**ERPの利用は自社の「組織内」だけに限定**されるということです。

　「組織内」の具体的な利用者は、右図のように、経営者をはじめ、経理・財務、調達管理、倉庫・物流、営業・販売などになります。特に経営者にとって重要な業務の一つは、「予実管理」などの言葉で示される受注・売上の予想と販売結果（実績）の管理で、ERPが情報を一元化することで、これらの状況が把握可能になります。

　例えば、営業パーソンの視点で考えると「在庫[*1]」を所有する無駄が劇的になくなります。営業パーソンにとって、顧客との関係を「良好に」保つ目的で、仕入れ時間短縮のために、余分な在庫を持つ[*2]ことが多いですが、その在庫は倉庫で管理され時間が経過するにつれて営業パーソンは忘れやすくなります。

　ERPのアナウンス機能で在庫が中・長期間残ると、倉庫から営業へ在庫状況が伝達され、営業パーソンは顧客へ購入を促す活動をします。この一連のプロセスは顧客にとっては"定期的な"サービスをしてくれると好感を持たれるだけではなく、会社にとっては、不良在庫が生じるリスクを最小限にとどめることが可能です。

　しかし規模が大きくなるに従ってERPによる組織の連携は必須になることがおわかりになるでしょう。

＊1 在庫はいずれ現金化される換金資産で、現金預金と同じ扱いを受けるので課税対象になります。だから在庫は負担になります。

＊2 在庫管理にダブルビン方式（2棚方式）がありますが、特に使用限度が短い在庫については相当の注意が必要です。

SFA、MA，CRM、ERP すみわけの図

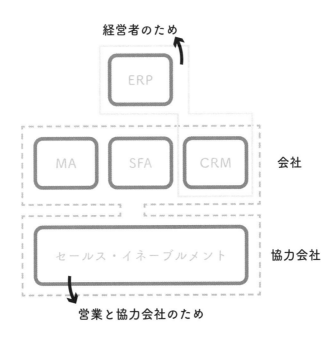

ChatAIを活用してみよう

　対話が可能であるChatAIを最初に使用したとき、私は強い衝撃を受けました。それは以前、顧客が要望する製品を「Google検索」で探した際に、1日中検索しても全く見つけることができなかったのに対し、ChatAIは顧客が要望する製品を見つけ出すことができました。

　今でもChatAIのような対話型AIを職場へ導入することに対して、賛否両論ありますが、上記のような理由から、**仕事効率が飛躍的に上がる**経験をした私は導入に賛成です。グローバル化が急速に広がる中で、多言語（特に英語）に精通しているChatAIは異国企業間の距離を縮める役割を担うことは間違いないでしょう。したがって企業がChatAIの使用を制限することは、この流れに反する結果になるでしょう。

　右の表に、ChatGPTを例にして得意なことと苦手なことをまとめました。実際に導入して活用する場合は、これらを頭に入れておく必要があります。

　テキストの生成や要約、解説はChatAIの得意分野になるので、生成された文は必ず自分の目を通すという前提で積極的に活用していきましょう。

　ChatAIを使用して気づいたことは、「適切な質問」をしないと「適切な返答は得られない」ということです。

　対話型AIに対しても、**「質問力」は非常に重要**であることを感じさせます。

ChatGPT の得意なこと・苦手なこと

得意	苦手
テキストの生成や校閲	最新情報の提供
文章の要約や解説	主観的な意見の提示
プログラミング	法的・医療的なアドバイス
アイデアの創出	未来予測
質問の回答	

ChatAIの
理想的な活用法は？

　ChatGPTの登場当初は「世界が一変する」という世間の反応でしたが、現在でも多くの企業はChatAIの採用に躊躇しているようですが、「秘書として」ChatAIを活用すると考えた場合、情報漏洩の危険性は内部使用に限定されるため心配はありません。また、**生成された情報は必ず人間がチェック**し、正確性を確認した上で発信することで、**誤った情報の問題も解消**できます。

　私自身は業務でChatAIを頻繁に使用しています。なぜなら、使わなければその利点や欠点について議論することもできないからです。

　ChatAIを活用するメリットは、迅速かつ効率的に情報を提供し、タスクの処理を支援可能ということです。特に繁忙な業務で、時間の節約に寄与します。また、ChatAIは大量のデータや文書を瞬時に処理し、必要な情報を抽出する能力も持っているので、迅速なデータの検索や分析が可能になります。

　更に、ChatAIは24時間体制で働くことができ、休日や深夜の業務においても、常にサポートを受けることができるので、更なる生産性の向上につながる可能性を秘めています。また、ChatAIは柔軟でカスタマイズ可能な性質を持っており、個々のニーズや業務に合わせて調整することが可能です。

　ChatAIは仕事の効率を向上させるため、企業は積極的に活用すべきだと考えています。情報漏洩の危険性を排除し、生成された情報の精度を確保するためには、適切な管理と監視が必要ですが、その努力は確実に報われるでしょう。ChatAIの能力を最大限に引き出し、業務の効率化を図るために、私たちは**積極的にChatAIの活用を推奨するべき**です。

未来の ChatAI 活用の **好ましい例**	未来の ChatAI 活用の **悪い例**

私は帰るけど、
ChatAI は
相変わらず
24 時間
仕事するの？

私は帰るけど、
汎用品の見積を
顧客の A さんに
連絡しておいて

はい、
お疲れ様です。
夜中に来たメールを
重要な順に
明朝ご提示します

はい、
わかりました。
見積は概算で
連絡します

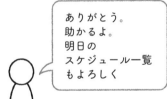

ありがとう。
助かるよ。
明日の
スケジュール一覧
もよろしく

ありがとう。
よろしく。
見積の返答が
あったら知らせて

かしこまりました

かしこまりました

 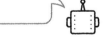

ChatAI と使用者間で
完結している

ChatAI と使用者と
部外者（顧客）が
関係している

ChatAIと営業の未来予想

　前項で紹介した通り、ChatAIは近い将来、出張精算のような簡単な作業はしてくれるでしょう。しかしChatAI"だけ"では、まだ入力の煩わしさが残り、"秘書"のような便利さには至りません。

　例えば、具体的に出張精算書を作成するまでを切り分けて考えてみましょう。入力フォームは既にあるとして、電車やタクシーを乗り継いで顧客に訪問した出張精算は以下の流れになります。

①出張精算フォーム（ExcelやWord）を開く
②いつ、どこに（会社名など）、何の手段で、かかった経費（運賃）、
　手当があればその金額を入力
③　②で入力したデータを保存と提出（領収書がある場合は添付）

　上記①～③は日常の簡単な雑務ですがそれでも数分を費やします。私の会社の場合、出張精算をExcelで出力するのですが、作成開始から精算書を出力し領収書を付けて提出するまで30分くらいを要します。

　これが「昨日の出張精算を作成して」の音声の一言で、精算書フォームに入力された精算書が数秒で生成され、次に（当然本人がチェックをして）「OK、これで経理に（もしくは上司に）提出して」の言葉で、精算処理が済むなら、出張精算のような雑務も煩わしく感じないでしょう。

　理想は「PCやスマホに文字を入力するのではなく、音声認識で入力し、装着したグラス（メガネ）上にスクリーンが映し出されて、音声指示によって全ての処理が実行される」装置（デバイス）です。それは、スマートグラスにChatAIが搭載されたようなものになるでしょう。近未来は"キーボードフリー"の世の中になります。

未来のスマートグラスと ChatAI

音声で自在にグラスにデータを映し出す。

ChatAI とスマートグラスの一体型の装置ができれば、
用途が無限に広がる。

ChatAI とデバイスの共進化で営業雑務を格段に減らす。

将来、雑務は
時短できるかも？

　１日の営業業務の中で、接客するコアな時間よりも、**移動時間や社内の提出書類などを作成する時間のほうが長くなる**ことがあります。これを時短できたらどんなに楽になるだろうか、と誰でも一度は考えたことがあるのではないでしょうか？

　社内の提出書類の中でも出張などの交通費精算は、私にとって非常に煩わしい作業の一つです。（精算書を楽に仕分けするソフトのCMがあるくらいなので、どこの会社でも精算書の作成・処理は煩わしい業務の一つと言えるでしょう）

　おそらく、ほとんどの会社は、出張精算フォーム（PC上のExcelなど）に、日時、行先、交通機関、運賃、手当等の各項目を入力していると思いますが、出張の日数が多くなればその分項目が増え、ミスの割合も増えます（私も慣れない頃は、何度か経理から戻されたことを思い出します）。

　ChatAIが出張精算書の作成（生成）を代行してくれたら、この煩わしさからはおさらばです。現在のところ私が試しにChatGPTを使用してできたことは、せいぜい精算書の"代表的な"フォームをHTMLで生成するくらいですが、近い将来、ChatAI内蔵のスマートグラス（のマイク）に「昨日の私の名古屋出張の精算書を定型フォームを作成して」と音声指示するだけで、必要項目に自動でデータが入力され、それをスマートグラス上に出力され、チェックし、問題がなければ更にマイクを通じて「OK、これを経理に送付して」と指示するだけで精算書の処理は完了です。

　雑務の時短によって、営業パーソンはもっと創造的な時間を作ることができるようになるでしょう。

出張旅費精算書

2023 年 11 月 3 日

10 月 31 日〜11 月 2 日

だっる

いちいち入力しなければならない

出張旅費精算書

2023 年 11 月 3 日

10 月 31 日〜11 月 2 日

チケットの購入も
ChatAI にしてもらった！

精算書よろしく

デキマシタ

はやっ！

音声指示で瞬時に入力

AI が必要項目に入力しスマートグラスに映し出された画面

将来、営業は
エンジニアを兼ねるかも？

　営業パーソンは販売したら「はい、終わり」ではありません。例えば機械設置後のあるとき、顧客の機械が何らかの原因で故障した場合、最初に顧客が連絡をする相手は、販売窓口の営業パーソンです。ですから機械製品を扱う営業パーソンは、販売後の故障が起こった場合の対応を想定しておく必要があります。

　特に現在の機械は、デジタル化されたお陰で小型化して、機能が各段に増えたのはいいのですが、いざ故障すると使用者側で修理をすることはほぼ不可能な状態です。機器の取説には"トラブルシューティング"の記載はあるものの、一般的な内容でしかないため、稀な故障が発生した場合は完全にお手上げの状態になります。

　昔の機械は現代ほど複雑ではなかったため、メーカーのエンジニアに限らず、顧客側のエンジニアでも簡単な故障の場合は修理をすることができたのですが、現代の機械は超小型で複雑になり、最悪の場合はメーカーのエンジニアにしか対処できないということになりました。

　従って顧客のもとで故障が発生した場合、営業パーソンはエンジニアと同行して対処しなければなりませんが、そう遠くない未来は、ChatAIがエンジニアに代わり故障の対処をしてくれるようになるでしょう。そうすれば**営業パーソンはある程度のエンジニアとしての役割**を果たすことになります。

エピソード

　ある途上国では故障しがちな40年前のトラックを、修理しながら使用し続けている。新しいトラックに替えるお金がないことが一番の理由だが、無理をして最新のトラックに替えたところで、"電子機器"の修理は到底不可能なため「今のトラックを使用し続ける」とのこと。

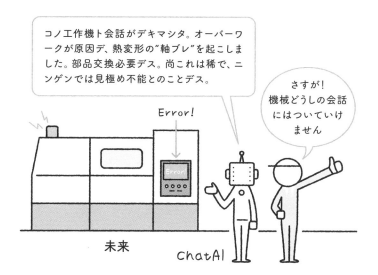

ChatAIに
電話を任せられる？

　私は過去に2回ほど電話世論調査として、機械音声のアンケート調査を受けたことがあります。将来はますますこのような機械の電話発信が増えることでしょう。そして電話発信に限らず、受信もまた人からChatAIに代わり、更には**ChatAIが発信と受信をするという日がすぐにやって来る**でしょう。

　と言うのも、現代の電話番の様子を思い浮かべてください。大抵の会社は外線電話の受信を、練習やOJT目的として"新人"や"若手"に任せているのが実状ですが、会社規模が大きくなると、会社経験の少ない新人では、営業電話のような担当不明の内容を受信した場合、的確に電話を回すことができないことは容易に想像できます。それで有益な情報やタイミングを逃してしまうかもしれません。

　電話の受信をChatAIに任せることは、単純に人件費を抑えるだけではなく、的確な担当に、タイミングを逃すことなく、オンタイムで電話を廻すことが可能にします。各社員は電話番のChatAIに対して事前にリクエスト登録さえしていれば、自分が探しているサービスや製品などの営業電話を回してもらうことが可能になります。

　上記は"営業電話"を受ける側の対応を示していますが、各会社がこれをすることによって"営業側"も担当キーマンを見つけるためのむやみやたらな電話回数は減り、非常に効率良く担当に電話がつながる**プラスの相乗効果**を生み出すことでしょう。

　私もそうでしたが、営業電話を苦手とする営業パーソンにとっては、早くChatAIが電話番をしてくれる未来が待ち遠しいです。

ChatAIは未来の電話番

製品のPRしたいのですが、関係のご担当はいらっしゃいますか？

すぐ近くにいる
関係担当者

そのような担当弊社にはおりません。‥‥

新人さん

製品のPRしたいのですが、関係のご担当はいらっしゃいますか？

その要件でしたら弊社〇〇が担当です。お繋ぎします。

1000人規模でも余裕

Aについて
電話回して

火曜なら
電話回して

今日は電話
回さないで

事前にChatAIに
リクエストしている

ますます営業パーソン
が必要な時代へ

　日本政府は2022年に「スタートアップ育成５か年計画」を打ち出しました。スタートアップへの投資額を現在の投資額の8,000億円規模から2027年に10倍以上の10兆円規模とすることを最大の目標としています。そして、以下はこの計画の３本柱で、いずれも営業パーソンの活躍が必要なことがおわかりになるでしょう。

①スタートアップ創出に向けた人材・ネットワークの構築

顧客とのつながりを通じて市場のニーズを把握しているので、適切な人材の採用やパートナーシップの構築に貢献できます。また営業プロセスを通じて、有益な人材やリソースを集めることが可能です。

②スタートアップのための資金供給の強化と出口戦略の多様化

投資家やパートナーとの信頼関係を築き、適切な資金調達やビジネス提携を促進します。また、市場の動向を把握しているので、最適な出口戦略の構築にも寄与し、スタートアップの成長を後押しすることが可能です。

③オープンイノベーションの推進

外部の企業や団体との協力や提携を促進し、新たなアイデアや技術を導入する役割を果たします。顧客とのコミュニケーションを通じて市場のニーズを把握し、それに合ったパートナーシップを築くことで、スタートアップの成長を加速させます。

スティーブジョブズは、**自身の製品を熱意で売り込む「営業パーソンだった」**ということです。これは Apple に限られたことではないでしょう。スタートアップ育成を目指す日本にとって営業は未来においても重要な存在であり、才能や情熱を発揮する素晴らしい舞台となることでしょう。**営業の未来は限りなく広がっています。**

スタートアップの成長ステージに合わせた政府支援策

プレシード・シード ＞ アーリー・ミドル ＞ レイター

■人材・
ネットワークの
構築
・メンターによる若手人材支援
・起業家教育の拡大
・大学などの技術シーズの事業化支援など

■事業を支える
資金供給拡大
・VC などへの公的資本の投資拡大
・ディープテック分野の研究開発支援の強化
・ストックオプションの環境整備など

ユニコーン企業創出

海外展開も含めた
事業拡大・
イグジット
（IPO・M&A）

■創業を支える
資金供給拡大
・経営者保障を必要としない信用保証制度の創設
・スタートアップへの再投資に係る非課税措置の創設など

事業拡大

■大企業などとの
連携拡大
出口戦略の多様化
・オープンイノベーション税制によるM&A促進
・未上場株のセカンダリー市場整備など

企業数増加

創業

■公共調達などを通じ
た事業拡大
・スタートアップからの公共調達拡大など

■海外市場への
事業展開
・海外起業家・投資家の誘致拡大
・海外市場開拓支援など

出典：ニュースイッチ
『スタートアップ創出活性化どうする？…先進国の動きからヒントを探る』

おわりに

　私が現役営業パーソンという立場にも関わらず、この時期に本書を書き上げたかった理由は、営業は"楽しく"、"すばらしい"という今の私の気持ちを"旬"な形で伝えたかったからです。毎日の仕事の中にも教訓や学びはあり、私自身もその毎日の教訓や学びを、後輩や部下、そして息子たちに伝えていますが、その臨場感は思い出して話す昔話よりも、最近に起こった出来事の"旬な"話題のほうがより伝わることは明らかです。

　あと10年もすると、私の2人の息子は社会人へと巣立ち、職場での立ち位置は変わり、定年間近の身になりますが、引退後の余暇にじっくり「営業」について書いても、現役営業パーソンが書く内容と比較するとやはり臨場感が薄れ何か味気ない中身になっていることでしょう。

　本書は「営業」という、どこか掴みどころがない題材を、"営業の種類"、"知識的側面"、"思考的側面"、"技術的側面"に分けてガイドと考察をし、加えてその延長線上の近未来の営業について論じています。それぞれの側面において見え方は大きく異なりますが、これらに共通して言えることは「現在の営業」を知らなければ論じられないということです。したがって現在の旬な現場の営業を伝える、現役営業パーソンが「営業」を論じることは適任と言えます。

　そもそも普段サラリーマンとして営業をしている私がビジネス書を書こうと思った動機は2つあります。

　一つ目は、今の会社でのエピソードである日、某業界の新聞社から新製品の取材を受け、新聞に私の名前が紹介者として掲載されたことです。それを見た当時幼かった次男は「すごい！／お父さんの名前が新聞に載ってる！！」と大変感激されました。発行部数が知れている業界新聞で、ほんの一部分の新製品紹介の記事の中の私の名前の掲載でしたが、その時の次男の様子を観て「新聞や書に文字として掲載される威力」を実感しました。

　二つ目は、３年前に他界した父の影響によるものです。父はハイヤーの運転手として30年勤め上げ、余暇は庭で盆栽の世話をしたり、TVで将棋や囲碁の番組を観たり、たまに図書館で借りた本を寝転んで読んだり過ごしていた何ら変哲もない普通の父でしたが、今も元気な82歳になる母がする若かりし父の思い出エピソードは「小説家を目指し挫折していた」ということです。母にしてみればそんな父を「夢見るちょっと変わった人」とみていたようですが、私はその話を聞くたびに「夢が大きな人」と尊敬の念でいっぱいになります。

　高校卒で山形県から上京し、職を転々としていた父は、結婚し私たち双子が生まれてからは、小説を書くことをあきらめ、ハイヤーの運転手で生計をたて、私たち２人を私立大学に通わせる学費の工面をしてくれました。

　当時「小説家になりたい」という父の夢が、私のビジネス本を書くという形で動機につながったのだと思います。

　上記の２つの動機と今の会社の立ち位置とタイミングが、本書の出版へと導いてくれました。今も半ば「私が本を出版できるなんて」という気持ちですが、出版を志した日を振り返って、私と、そして今何か伝えたいと思って出版したいと思っている人に言いたいことは「書き残し伝えたい！」という強い意志があれば必ず出版は実現するということです。

　最後になりましたが、
　まず最初に、ビジネス書を出版する勇気を与えてくれたネクストサービス　松尾昭仁様、出版を現実に導いてくれたイースト・プレス　金澤武様、中野亮太様、そして題材を採用いただいた山中進様、そして支えてくれた家族へ感謝の意を表します。

2023年10月　齋藤裕信

追伸：他界した父へ
　「僕はビジネス本を世に出すことができたよ。すごいでしょ。」

参考図書

- エリン・メイヤー『異文化理解力』英治出版
- ロバート・B・チャルディーニ『影響力の武器』誠信書房
- アラン・ピーズ、バーバラ・ピーズ『ブレイン・プログラミング』サンマーク出版

参考サイト

- 内閣府『第4章　デジタル化による消費の変化とIT投資の課題　第1節』
  https://www5.cao.go.jp/j-j/wp/wp-je20/h04-01.html
- acatech『Recommendations for implementing the strategic initiative INDUSTRIE 4.0』
  https://www.din.de/resource/blob/76902/e8cac883f42bf28536e7e8165993f1fd/recommendations-for-implementing-industry-4-0-data.pdf
- ニュースイッチ『スタートアップ創出活性化どうする？…先進国の動きからヒントを探る』
  https://newswitch.jp/p/37938

イラストと図解で速攻理解！
営業の超基本

2023年11月10日　第1刷発行

著　　者　　齋藤裕信

イラスト　　神林美生
デザイン　　藤塚尚子（etokumi）
編集協力　　松尾昭仁（ネクストサービス株式会社）

発 行 人　　永田和泉

発 行 所　　株式会社イースト・プレス
　　　　　　〒101-0051
　　　　　　東京都千代田区神田神保町2-4-7　久月神田ビル
　　　　　　Tel：03-5213-4700　Fax：03-5213-4701
　　　　　　https://www.eastpress.co.jp

印 刷 所　　中央精版印刷株式会社